O perceber de quem está na escola sem dispor da visão

EDITORA AFILIADA

Volume 10
Coleção *Educação & Saúde*

Dados Internacionais de Catalogação na Publicação (CIP)
(Câmara Brasileira do Livro, SP, Brasil)

Masini, Elcie F. Salzano
 O perceber de quem está na escola sem dispor da visão / Elcie F. Salzano Masini. — São Paulo : Cortez, 2013.

ISBN 978-85-249-2131-5

1. Deficientes - Psicologia 2. Deficiência visual 3. Educação inclusiva 4. Inclusão social 5. Percepção 6. Psicologia social I. Título.

13-09538   CDD-371.911

Índices para catálogo sistemático:
1. Desenvolvimento perceptivo : Deficientes visuais : Educação especial   371.911

Elcie F. Salzano Masini

O perceber de quem está na escola sem dispor da visão

O PERCEBER DE QUEM ESTÁ NA ESCOLA SEM DISPOR DA VISÃO
Elcie F. Salzano Masini

Capa: aeroestúdio
Preparação de originais: Ana Paula Luccisano
Revisão: Maria de Lourdes de Almeida
Composição: Linea Editora Ltda.
Coordenação editorial: Danilo A. Q. Morales

Nenhuma parte desta obra pode ser reproduzida ou duplicada sem autorização expressa da autora e do editor.

© 2013 by Autora

Direitos para esta edição
CORTEZ EDITORA
Rua Monte Alegre, 1074 – Perdizes
05014-001 – São Paulo – SP
Tel.: (11) 3864-0111   Fax: (11) 3864-4290
e-mail: cortez@cortezeditora.com.br
www.cortezeditora.com.br

Impresso no Brasil – setembro de 2013

Este livro é dedicado
às pessoas com deficiência visual, que nos ensinam uma nova forma de perceber;
às mães e aos pais que nos ensinaram a delicadeza requerida na relação eu — outro;
aos professores de pessoas com deficiência visual que os ensinam e exigem que aprendam.

Meus Agradecimentos

Aos que de diferentes maneiras contribuíram para a construção deste livro:
- pessoas com deficiência visual — com que convivi —, alunos, participantes de projetos desenvolvidos e de pesquisas, orientandos;
- colegas de instituições especializadas, dentre as quais Associação Nacional de Assistência ao deficiente visual Larama, Fundação Dorina Nowill, Instituto Benjamin Constant;
- colegas de órgãos público-governamentais, dentre os quais escolas municipais e estaduais, e o Setor de Educação Especial da Secretaria de Educação de São Bernardo do Campo-SP;
- colegas da universidade que estudam e pesquisam sobre pessoas com deficiência visual e recursos concretos e de informática para uso de pessoas com deficiência visual, com quem compartilhei publicações;
- aos que não chegam sequer a serem citados, mas de forma substancial ajudaram a compor esta obra apoiando, criticando e colaborando, entre outras coisas, em traduções e digitações;

— à Faculdade de Educação da Universidade de São Paulo, onde retomei, em nível de ensino superior, atividades junto a pessoas com deficiência visual, que havia realizado na Fundação para o Livro do Cego no Brasil;

— à Universidade Presbiteriana Mackenzie pela abertura ao novo, propiciando a instalação e funcionamento, junto aos seus Programas de pós-graduação, de temas de dissertação de mestrado e tese de doutorado sobre pessoas com deficiências, e sobre suas formas de perceber, em situações educacionais e artísticas.

Profundos agradecimentos a cada pessoa e a cada instituição, as quais contribuíram para a concretização de projetos pioneiros e inovadores e para a viabilização do utópico.

Sumário

Apresentação da Coleção 13

Introdução 17

Parte I
Descobertas do perceber sem o sentido da visão

1. As vias perceptuais... 25
   Perceber sem um dos sentidos de distância —
      fundamentos 26
   Quem são os educadores?... 31

2. Experiências lavradas – possibilidades
   desveladas.. 41
   Experiência pioneira em São Paulo............................. 41
   Em Minas Gerais, luta anti-invisibilidade da
      pessoa cega 43
   Do Ceará para o Brasil: músico, intérprete,
      compositor e arranjador 46

3. Educação de quem não dispõe da visão 49
   Introdução 49
   Breve delineamento histórico 50
   Inclusão em ocorrência 54
   Dados de pesquisas 58

Parte II
Na escola, educadores e educandos

Preâmbulos 85

4. Cegueira 89
   Introdução 89
   Mães, pais, família 92
   Professores 96

5. Baixa visão (visão subnormal) 101
   Introdução 101
   A percepção na visão subnormal 104
   Estimulação visual e desconhecimento da eficiência visual 105
   A criança na fase da escolarização 106
   O desenvolvimento da eficiência visual na criança 107
   Mães, pais, família 108
   Importância de os pais proporcionarem explorações e vivências 109

Professores 110
Material escolar – recurso importante para o
    professor 111

Considerações finais 125

Glossário 133

Referências bibliográficas 137

Apresentação da Coleção

A Coleção Educação e Saúde tem por objetivo estabelecer diálogo entre pesquisadores do Programa de Pós-Graduação Educação e Saúde na Infância e na Adolescência, da Universidade Federal de São Paulo, e educadores e professores que atuam com crianças e adolescentes no âmbito da educação básica.

O conjunto de títulos que o leitor encontra nesta Coleção reúne investigadores cujas pesquisas e publicações abrangem de forma variada os temas infância e adolescência e que trazem, portanto, experiência acadêmica relacionada a questões que tocam direta e indiretamente o cotidiano das instituições educacionais, escolares e não escolares.

O diálogo entre os campos da Educação e Saúde tornou-se necessário à medida que os desafios educacionais presentes têm exigido cada vez mais o recurso da abordagem interdisciplinar, abordagem essa necessária para oferecer alternativas às tendências que segregam os chamados problemas de aprendizagem em explicações monolíticas.

A educação dos educadores exige esforços integradores e complementares para que a integridade física, social, emocional e intelectual de crianças e adolescentes com os quais lidamos diariamente não permaneça sendo abordada com reducionismos.

Percebemos com frequência a circulação de diagnósticos que reduzem os chamados problemas educacionais a um processo de escolha única, sem alternativas integradoras.

Em relação aos chamados problemas educacionais, na maioria das vezes as opções formativas ou são devedoras de argumentos clínicos ou são devedoras de argumentos socioeconômicos, mas predominantemente esses universos são apresentados como realidades que não devem se comunicar, tornando a opção por uma imediata exclusão do outro.

As desvantagens pessoais e sociais de crianças e adolescentes estão diariamente desafiando professores e educadores em geral. Abordar de forma objetiva e integrada o complexo tema dos chamados problemas físicos, emocionais, intelectuais e sociais que manifestamente interferem na vida escolar de crianças e adolescentes é o desafio desta Coleção.

Esse desafio nos levou a trazer para a Coleção um repertório de temas que contempla os problemas sociais de alunos pobres; os chamados déficits de atenção; as várias formas de fracasso escolar; as deficiências em suas muitas faces; as marcas do corpo; a sexualidade; a diversidade sexual; a interação entre escola e família; a situação dos alunos gravemente enfermos; as muitas formas de violência contra a criança e entre crianças; os dramas da drogadição; os desafios da aquisição de linguagem; as questões ambientais e vários outros temas conexos que foram especialmente mobilizados para este projeto editorial.

A mobilização desses temas não foi aleatória. Resultou do processo de interação que o Programa tem mantido com as redes públicas de ensino de São Paulo. E tem sido justamente essa experiência a grande fiadora da certeza de que os problemas educacionais de crianças e adolescentes não são exclusivamente clínicos, nem exclusivamente sociais. Pensemos nisso.

Por isso, apresentamos a Coleção Educação e Saúde como quem responde a uma demanda muito consistente, que nos convida a compartilhar estudos sobre a infância com base naquilo que de mais rico a interdisciplinaridade tem a oferecer.

Marcos Cezar de Freitas
Coordenador da Coleção

Introdução

Este livro oferece ao leitor relatos, informações, dados históricos e recortes de algumas pesquisas sobre alunos com deficiências visuais, no Brasil, desde o século XIX até o século XXI. Assinala a relevância deste tema ao focalizar a realidade brasileira, tendo pesquisas realizadas na área acadêmica, com o reconhecimento de autoridades dessa comunidade. Enfatiza que esse conhecimento solidificado e disseminado estabelece mais um sistema de apoio para trabalhos com seres humanos, constituindo um dos motivos para esta publicação.

São expostos dados registrados, sistematizados e analisados de pessoas com deficiência visual — cegueira e baixa visão. Dados que põem o leitor em contato com a pessoa com deficiência visual em diferentes situações do cotidiano: junto à família, em ambiente escolar e em registro de pesquisas; com seus sentimentos, expressão de sua vida interior e impulsos emotivos; com suas formas de perceber no uso dos sentidos de que dispõe; com suas relações significativas com pessoas e objetos, no mundo em que habita; com as condições que propiciaram sua autonomia e inclusão educacional e social.

Autores e pesquisas têm apresentado dados controversos sobre o desenvolvimento de crianças com deficiência visual.

Alguns referiram-se às dificuldades e atrasos: Wills (1970) mencionou o impacto da cegueira na fase inicial da vida da criança, quando esta começa a estabelecer contato com objetos e a organizar suas experiências; Amiralian (1994) aludiu às dificuldades dos primeiros contatos da mãe com seu bebê cego, apontadas em estudos realizados em clínicas, sob o referencial psicanalítico; Swalon (1976) documentou várias pesquisas cujos autores assinalaram atrasos no desenvolvimento de crianças com deficiência visual. Por outro lado, alguns autores evidenciaram que esses dados de desenvolvimento se transformam frente às condições educacionais oferecidas às crianças com deficiência visual, conforme ilustrações a seguir. Rowland (1984), pesquisando a comunicação pré-verbal de crianças cegas e suas mães, enfatizou a importância de trocas precoces entre a mãe e a criança. Das crianças pesquisadas, a única que não ficou seriamente atrasada em várias áreas do desenvolvimento foi aquela reconhecida como cega e orientada por meio de um programa educacional apropriado. Estudos de Gottesman (1976) não apontaram diferenças entre crianças com deficiência visual e videntes. O autor assinalou que os sujeitos de seus experimentos eram bem ajustados, bem-aceitos pelos familiares, sendo tratados primeiro como crianças e depois como tendo uma deficiência; constituíam um grupo selecionado. É relevante essa consideração por ilustrar que quando as condições educacionais são apropriadas, a pessoa com deficiência desenvolve-se na sua integridade. Evidencia que a criança, quando considerada na sua maneira própria de entrar em contato com o que a circunda, na relação com familiares e outras pessoas, experimenta a possibilidade de expressar sua própria maneira de sentir, pensar e agir, e não apresenta problemas em seu desenvolvimento.

Nesse sentido, discorrer sobre pessoas que não dispõem da visão como sentido predominante, consequentemente, requer referência à maneira como elas obtêm informações do mundo que as cerca e elaboram esses dados interagindo e estabelecendo diálogo com outro ser humano. O contato com a experiência cotidiana de pessoas que exploram e conhecem o ambiente, quando uma via sensorial não se encontra disponível, propicia elementos à reflexão. Desperta, nos que dispõem da visão, interrogações sobre as formas de existência daqueles que utilizam caminhos perceptuais diferentes dos que lhes são habituais.

Quando uma criança nasce cega ou com grave deficiência visual, ou ainda quando adquire essa deficiência nos primeiros anos de sua infância, a maneira de entrar em contato com o mundo que a cerca — de descobri-lo e de explorá-lo — é bastante diferente dos caminhos daqueles que dispõem da visão. É por meio de seus movimentos e interações com o que a cerca que a criança deficiente visual vai desenvolvendo sua habilidade de perceber, entrar em contato, organizar e compreender o mundo onde está. Isso vai ocorrendo ao longo de seu desenvolvimento corporal, afetivo/social e cognitivo. O que é necessário para que o ser humano evolua da dependência total do organismo para um ser adulto integrado e realizado como pessoa e socialmente participante? Que condições são necessárias na educação de uma criança deficiente visual para que ela se torne uma pessoa adulta e autônoma?

Essas questões são retomadas nesta obra, assinalando que o mais relevante é considerar o que há de semelhante entre um ser humano e outro e, posteriormente, voltar-se para a característica de alguém que não dispõe da visão. A importância atribuída a este sentido é facilmente identificada tanto em situações do cotidiano, como em textos referentes à percepção e a teorias do conhecimento. Em situações do dia a dia, isso fica facilmente ilustrado ao solicitar-se a uma pessoa cega que descreva como vai da porta de entrada de sua casa até o quarto onde dorme, comparando sua resposta à de um vidente ao qual tenha sido feita a mesma solicitação. Do ponto de vista teórico, na epistemologia, há muitas questões concernentes aos caminhos perceptuais do deficiente visual e de como ele adquire conhecimento, como evidencia Diderot (1988) ao escrever um livro para os que veem sobre aqueles que não veem.

Seja para lidar com o deficiente visual, seja para investigar fundamentos sobre seu perceber e seu conhecer, é essencial estar atento ao fato de que a importância da visão é da experiência do vidente e se faz pelo convívio com ele. Esses dados assinalam que a tarefa primeira para quem se propõe realizar qualquer ação educativa com o deficiente visual é procurar saber sobre ele, sua experiência de vida e sobre sua percepção, pois é só a partir do seu próprio significado — do que sente e compreende — é que ele poderá organizar as informações sobre o mundo que o cerca e agir nas situações; ao longo de seu desenvolvimento corporal, afetivo/social e cognitivo, uma criança com essa deficiência, frente a condições apropriadas, vai evoluindo da dependência total do organismo para tornar-se um ser integrado e realizado como pessoa socialmente participante.

Os dados de depoimentos e de investigações são reveladores da flexibilidade e da adaptabilidade humana e reiteram Vigotski (1997), quando afirmava na década de 20 do século XX, em Moscou, no "Laboratório de Psicologia para Crianças Deficientes": relevante é voltar-se para o que está intacto e pode ser desenvolvido em cada pessoa.

Um possível caminho de sensibilização ao mundo desconhecido do viver sem ver poderia ser realizado, apenas, vendando os olhos para fazer uma simples refeição, incluindo desde o aquecer o alimento, servir-se, cortar a fatia de carne que se colocou ao lado do arroz e feijão e descascar uma laranja para a sobremesa. É uma situação do cotidiano na qual se passa a fazer uso do corpo de maneira não habitual e refletir sobre as pessoas que não dispõem da visão como sentido predominante. É uma simples vivência que, provavelmente, irá desencadear perguntas do tipo: O que significa na vida e para o conhecimento a ausência da visão? As pessoas que adquiriram a deficiência apresentam diferenças nas suas interações, em relação àquelas que nasceram com ela?

Essas perguntas sinalizam a complexidade de conhecimentos requeridos para que se saiba mais sobre as possibilidades e vias diversas que o ser humano dispõe para entrar em contato, saber sobre o mundo em que se encontra e interagir. São interrogações que dizem respeito à totalidade de um indivíduo e se referem à sua interação com o que está ao seu derredor — pessoas e objetos. Provêm de uma experiência vivenciada e, provavelmente, alertam sobre a atuação educacional junto à pessoa com deficiência visual.

Este livro oferece, também, uma experiência interdisciplinar no trabalho educacional. A partir de subsídios teóricos, de diferentes áreas de conhecimento sobre a pessoa com deficiência visual, são apontados elementos que propiciaram ou que dificultaram seu desenvolvimento, aprendizagem e autonomia. As experiências de educadores (pais e professores) e de pesquisadores de diferentes áreas profissionais apontam diretrizes básicas para o desenvolvimento, aprendizagem e autonomia da pessoa com deficiência visual, conforme segue.

— É na dialética da ação que envolve a pessoa com deficiência, sua família e os profissionais que as atendem que o seu desenvolvimento de modo global pode ser potencializado.

— Somente na ação interdisciplinar — da sabedoria do dia a dia e suas interconexões dinâmicas com estudos especializados e os fundamentos das ciências — é possível alcançar e compreender o ser humano na sua totalidade e abrangência; para atender às suas necessidades no seu viver e criar condições para seu desenvolvimento.

— Dificuldades e impasses, quando enfrentados, constituem oportunidades de descobertas de recursos para aprofundamento de conhecimentos sobre o ser humano e ampliação de condições apropriadas ao seu desenvolvimento.

PARTE I

Descobertas do perceber sem o sentido da visão

1
As vias perceptuais

Construímos nosso mundo no dia a dia, e nossas percepções vão se fazendo através de ações e explorações daquilo que nos rodeia. Através de nossos movimentos e interações com o derredor, vamos desenvolvendo nossas habilidades de perceber, experienciar, organizar e compreender o mundo onde estamos. Para os que dispõem da visão, a predominância desse sentido está tão arraigada que estes tornam-se desatentos ao fato de que se utiliza uma linguagem visual para descrever o derredor. Assim, vivendo em uma cultura de videntes, pela familiaridade e senso comum, a predominância da visão e de suas representações passa despercebida, ocultas pelo hábito, da mesma forma que a prevalência na linguagem de uma terminologia própria do que é visual.

Dessa forma, no mundo dos videntes, como não poderia deixar de ser, é o referencial visual que se impõe. Seria absurdo negar este fato. Antes, ele deve ser considerado para que se possa identificar conceitos, valores, definições do senso comum ditados pelo sentido da visão, que caracterizam as ações, os sentimentos e os conhecimentos da grande maioria dos seres humanos.

A importância da visão é facilmente identificada tanto em situações do cotidiano, como em textos referentes ao perceber[1] e a teorias do conhecimento.

Merleau-Ponty (1971), em *Fenomenologia da percepção*, preocupado com o vivido, volta-se para a experiência corporal própria de cada um, e diz que o corpo sabe, o corpo compreende e é nele que o significado se manifesta. No gesto, no ato corporal, está a consciência que ele denomina consciência encarnada — termo utilizado em vez de consciência e que, posteriormente, é substituído por consciência intencional e mais tarde, simplesmente, por corpo.

O sujeito da percepção não é mais a consciência, da qual provém o conhecimento que é separado da experiência vivida, mas o corpo. O corpo é então visto como fonte de sentidos, isto é, de significação da relação do sujeito no mundo; é visto numa totalidade, na sua estrutura de relação com as coisas.

Embasados nessas ideias de Merleau-Ponty, caberia perguntar: como se dá o conhecimento na ausência da visão, ou na baixa visão?

Perceber sem um dos sentidos de distância — fundamentos

Questões que dizem respeito à experiência, ao perceber e ao conhecimento do mundo, na ausência de um dos sentidos de distância, têm sido retomadas por psicólogos, educadores, neurologistas, oftalmologistas, fonoaudiólogos e foniatras, em atendimentos e pesquisas. Eles têm evidenciado que a ausência, a recuperação ou a perda de um dos sentidos envolvem um

---

1. Experiência do corpo com o mundo ao redor; ao entrar em contato com o que o cerca, o sujeito entra em contato consigo mesmo.

conjunto de processos complexos, pois dizem respeito ao como a pessoa percebe e constrói seu próprio mundo. Assim, oferecer condições para o desenvolvimento e educação de uma pessoa com deficiência visual requer que se entre em contato com seu viver, em diferentes momentos e situações. Faz-se, pois, necessário acompanhá-la na totalidade de sua maneira de ser: como age, como se comunica e se expressa, como sente, como pensa.

De que forma fazer esse contato e conseguir acompanhar e compreender como essa pessoa é, sente e pensa?

Merleau-Ponty (1971) sugere um caminho para isso, ao propor que a ciência retorne ao solo do mundo sensível como é na própria vida para o próprio corpo — corpo sentinela silenciosa dos atos e das palavras.

Esse filósofo considera o sujeito no mundo como corpo no mundo. O sujeito da percepção é o corpo e não mais a consciência concebida separadamente da experiência vivida e da qual provém o conhecimento. É esta ênfase dada ao corpo a característica marcante deste enfoque. O corpo é, então, visto como fonte de sentidos, isto é, de significação da relação do sujeito no mundo; sujeito visto na totalidade, na sua estrutura de relações com as coisas ao seu redor. O esforço desse autor foi o de mostrar que a relação no mundo é corporal e sempre significativa. Para compreender a percepção é necessário considerar o sujeito da percepção e saber de sua experiência perceptiva, ou seja, do seu engajar-se com o corpo próprio[2] entre as coisas com as quais coexiste. Neste sentido, diz-se que as coisas "se pensam" em cada pessoa, porque não é um pensar intelectual, no sentido de funcionamento de um sistema, mas sim do saber de si ao saber do

---

2. Corpo próprio: expressão usada para referir-se à experiência corporal própria de cada pessoa.

objeto — ao entrar em contato com o objeto o sujeito entra em contato consigo mesmo.

Cada um de nós está cercado de objetos que têm a marca humana e que constituem os objetos culturais. O primeiro objeto cultural é o corpo do outro como portador de uma experiência humana, o lugar de certa elaboração, de certa maneira de compreender o mundo. Por meio de seu corpo vivo, que tem a mesma estrutura de cada ser humano, e como esse outro se serve de objetos familiares de um mesmo mundo físico e cultural do qual compartilhamos. Ao considerar o sujeito no mundo, como corpo no mundo — corpo que sente, que sabe, que compreende, Merleau-Ponty assinala a importância da experiência perceptiva, que emerge da relação dinâmica do corpo como um sistema de forças no mundo e não da associação que vem dos órgãos dos sentidos. Isso implica uma visão do corpo na totalidade de sua estrutura de relação com as coisas ao seu redor — como uma fonte de sentidos, e ensina que o conhecimento emerge do saber latente que ocorre no corpo próprio.

Na elucidação de que a experiência perceptiva constitui o solo originário do conhecimento, esse autor aponta um caminho para saber da pessoa com deficiência visual. Ele se refere aos conteúdos particulares (a especificidade) e às formas de percepção (a generalidade). Os conteúdos são os dados sensoriais (visão, tato, audição) e a forma, a organização total desses dados, que é fornecida pela função simbólica.[3] Há uma dialética entre conteúdo e forma: não se pode organizar nada se não houver dados,

---

3. Função simbólica, como a entende Piaget (1971, p. 14): "mecanismo comum aos diferentes sistemas de representações e como mecanismo individual cuja existência prévia é necessária para tornar possíveis as interações do pensamento entre indivíduos [...] papel essencial na elaboração de conceitos".

mas estes, quando fragmentados (dissociados da função simbólica), de nada adiantam.

Para compreender a pessoa com deficiência visual e sua maneira de se relacionar no mundo que a cerca, há sempre a considerar sua estrutura perceptual e cognitiva, que exprime ao mesmo tempo sua generalidade e especificidade (o conteúdo e a forma, e a dialética entre ambas). O ponto de partida é, portanto, saber de sua experiência perceptiva.

Não se poderia, pois, pensar na percepção senão a partir do ser vivente na sua facticidade. Isso torna claro que é preciso partilhar com o deficiente visual o conjunto dos caminhos de seu corpo, no fazer do dia a dia, para saber da sua experiência perceptiva.

No caso do deficiente visual, por exemplo, ele tem a possibilidade de organizar os dados, como qualquer outra pessoa, e estar aberto para o mundo, em seu modo próprio de perceber e de relacionar-se; ou, ao contrário, estar fechado ao imediato que o cerca e a ele restrito. O que não se pode desconhecer é que o deficiente visual tem uma dialética diferente, devido ao conteúdo — não visual quando se trata do cego ou da pessoa com baixa visão — e à sua organização, cuja especificidade é a de referir-se aos sentidos predominantes de que dispõe.

Essa dialética se renova em cada um, em seu próprio corpo, na mais simples das percepções, como na exploração sensorial. Os sentidos (visual, tátil, auditivo, gustativo, cinestésico) se traduzem uns aos outros sem necessidade de um intérprete, ao fazerem do corpo o sujeito da percepção. Cada órgão dos sentidos interroga o objeto à sua maneira: a visão não é nada sem um certo uso do olhar, ou seja, a maneira que o sujeito dirige e passeia seu olhar é de um modo diferente da de sua mão explorando tatilmente. Nunca o campo tátil está inteiramente presente em cada uma de suas partes como o objeto visual.

Os sentidos são distintos uns dos outros, e distintos da intelecção [...] a série das experiências de cada indivíduo se dá como concordante porque: cada aspecto da coisa percebida é um convite a perceber além (constitui uma parada no processo perceptivo); a síntese perceptiva possui o segredo do corpo próprio e não o do objeto. Assim, falar da percepção é falar do corpo, pois [...] Meu corpo é a textura comum de todos os objetos e ele é, pelo menos em relação ao mundo percebido o instrumento geral de minha compreensão (Merleau-Ponty, 1971, *passim*).

Uma criança, por exemplo, que nunca enxergou tem uma experiência perceptiva diferente daquela que ficou cega nos primeiros anos de vida. Cada uma delas foi percebendo e conhecendo o mundo através de suas experiências pelos sentidos de que dispunha.

As descrições de Hellen Keller, que perdeu a visão e a audição aos 18 meses, sobre o dia a dia de sua vida, ilustram, nas suas experiências, suas vias perceptivas.

[...] distraia-me seguindo as cercas de bucho com as mãos, para colher os primeiros lírios e violetas desabrochadas que eu descobria apenas com o olfato [...] De repente, meus dedos encontravam uma planta que eu reconhecia pelas folhas e flores [...] percebia quando mamãe e titia iam sair, pegando nos seus vestidos [...] Pela vibração, pela pancada da porta fechando e por outras vibrações indeterminadas, percebia que chegara visita (Keller, 1939, p. 14).

Os dados do tato, do olfato e da audição, que compunham a experiência perceptiva de Hellen Keller, eram organizados e iam ajudando a ter conhecimento do seu próprio mundo, no qual ia construindo sua identidade. Isso assinala que na experiência perceptiva estão envolvidos muito mais do que fatores perceptivo-cognitivos, enquanto fisiológicos, pois dizem respeito a como a pessoa percebe e constrói seu próprio mundo.

Esses dados reiteram a complexidade envolvida na organização ou na reorganização e aprendizagem de uma pessoa quando esta não dispõe da visão como sentido predominante, ou quando ocorre perda ou reaquisição do sentido da visão. Os dados expostos são um convite aos educadores para pensar sobre as condições requeridas para o desenvolvimento, a aprendizagem, a habilitação e a reabilitação de alunos com deficiência visual.

Quem são os educadores?

Se educação diz respeito às condições indispensáveis às transformações do ser humano em seu processo de desenvolvimento, que vai da dependência absoluta do organismo à autonomia física e psíquica, educadores são todos aqueles que lidam com essas condições: familiares e profissionais.

As mães, os pais, a família

No período inicial de dependência absoluta, a relação que o bebê estabelece com sua mãe, ou substituta, é a da satisfação de suas necessidades de alimentação e abrigo. E é assim que ela passa a ter existência e significado para ele. A maneira que a mãe se relaciona com o bebê — atendendo simplesmente a suas necessidades alimentares e de higiene, ou, além disso, acariciando-o, olhando-o, sorrindo e falando com ele — é o que ele irá registrar. Dessa forma, a maneira de a mãe lidar com o bebê estará imprimindo nele uma presença distante ou uma presença próxima e afetiva, manifestando assim como ele existe (seu eu ou *self*) para ela. Como afirma Winnicott (1975, p. 161):

[...] à medida que a criança se desenvolve e os processos de amadurecimento se tornam mais apurados, e as identificações se multiplicam, a criança se torna cada vez menos dependente de obter de volta o eu (*self*) dos rostos da mãe e do pai, e dos rostos de outras pessoas com quem se encontra em relacionamento fraterno ou parental.

Essas relações iniciais são as que existem para a criança e imprimem nela a impressão de ser acolhida e de pertencer a alguém. São essas impressões que passam a constituir o modelo de relação que a criança terá com as pessoas e com os objetos.

A falha para estabelecer mútua comunicação de interação satisfatória (mãe *versus* bebê) durante os primeiros meses é difícil de remediar e poderá afetar negativamente a interação social. O tempo requerido para desfazer padrões ineficientes e forjar novos e efetivos pode, de longe, exceder o tempo requerido para estabelecer os padrões imperfeitos.

A disponibilidade da mãe para estabelecer uma relação próxima com seu bebê depende, basicamente, de seu estado físico e psicológico. Além disso, quando tem uma criança com deficiência visual, ela necessita do assessoramento de profissionais competentes que a apoiem e forneçam informações e orientação adequadas e específicas. Nessa situação, a mãe e o pai sentem-se sós. Há necessidade de assistência precoce e contínua envolvendo apoio psicológico para enfrentarem o que é para eles desconhecido, bem como informações apropriadas sobre as condições físicas de sua criança. É importante que os pais recebam esclarecimentos sobre as implicações para o desenvolvimento de seu bebê e os encaminhamentos apropriados, referentes a recursos de saúde, de educação e de bem-estar que atendam às necessidades específicas individuais envolvidas. Compartilhar reuniões com outros pais em situação semelhante poderá, também, constituir oportunidade para expressarem os próprios sentimentos e dividirem experiências, compreendendo melhor o que poderão fazer para o desenvolvimento de seu filho(a).

A preocupação com as condições educacionais oferecidas pelos pais a seus filhos tem como pressuposto a crença de que o bom desempenho da paternidade pode ser também aprendido. Para isso é necessário, de um lado, a disposição dos pais de exporem seus sentimentos, de outro, a oportunidade de estarem junto a pessoas com estrutura psicológica e competência profissional apropriadas para apoiá-los e para discutirem situações e encaminhamentos requeridos para o desenvolvimento de seu filho(a).

É na relação com os pais que se forma o autoconceito da criança. Ele será positivo quando a mãe, ou o pai, ou ambos, confirmam a existência da criança, isto é, quando respondem de forma pertinente, ou sintonizada, à ação iniciada por ela. Confirmar, segundo Laing (1972), significa endossar a fala, o ato ou os pensamentos expressos pelo outro. Alguns modos de confirmação são um sorriso receptivo ou um olhar atento (confirmação visual); um aperto de mão ou um afago (confirmação tátil); uma confirmação verbal de simpatia (confirmação auditiva).

A confirmação é condição para a formação de um autoconceito positivo. O contrário disso é a negação da existência do outro, que ocorre quando alguém reage ao outro sem entusiasmo, com frieza ou tangencialmente. A negação pode ser mais ou menos destrutiva, dependendo das circunstâncias e das pessoas envolvidas, mas constitui em geral condição para formação de autoconceito negativo.

Algumas vezes, as relações e interações das pessoas se fazem através de pseudoconfirmações, isto é, pela confirmação de um falso eu, ou um "falso *self*", como denomina Winnicott. Nesse caso o eu real, aquele que se refere à própria maneira de ser da pessoa e de expressar seus sentimentos e pensamentos genuínos, não é confirmado. A criança, nesse caso, não é reconhecida pelo que é autenticamente, mas por aquilo que os pais consideram que deveria ser. Uma situação que pode ilustrar uma pseudoconfirmação é o empenho da família em valorizar e exibir a criança cega no seu falar rebuscado, carregado de informações, sem que estas sejam acompanhadas de referências pessoais que indiquem corresponder a significados da própria criança surgidos de sua experiência de vida.

O autoconceito e autoestima resultam da harmonização das próprias expectativas e esperanças com as próprias realizações, num contínuo durante toda a vida. Os fundamentos dessa harmonização se fazem no processo de desenvolvimento da criança e nas relações que ela vai estabelecendo no seu dia a dia.

A ideia diretriz da educação de uma criança com deficiência visual, nos primeiros anos de vida, quer para pais, quer para profissionais, é a de oferecer condições para que ela explore o ambiente que a cerca e possa agir de forma espontânea, enriquecendo suas percepções, suas manifestações expressivas sua forma de relacionar-se, ampliando sua experiência, sua comunicação e seus conhecimentos. No caso da criança cega, o ambiente que a cerca vai sendo preenchido por aquilo que ela conhece, se povoando e pelos objetos com os quais teve contato e que têm significado para ela, como o cheiro do suco de laranja, o colar da mamãe, o ladrilho liso do banheiro, o som do passo da irmã quando está no piso da cozinha ou no assoalho do corredor, o fofo do tapete da sala de brinquedos na escola, a areia quentinha no pátio da escola, a diferença de pisar na grama, na terra e no barro. Cabe, nesse caso, aos educadores, pais ou profissionais, encorajar a criança de forma que ela se interesse por identificar diferenças, usando todos os seus sentidos para explorar os objetos e a natureza. Como afirma Crecmbec (1978), a criança não deve sentir que a ausência de visão entrava sua liberdade de movimentos. No caso da criança com visão subnormal, as diferentes formas de restrições — baixa acuidade, visão apenas central ou periférica, resíduo visual restrito a um dos olhos — exigem daqueles que convivem com a criança especial atenção à sua maneira de posicionar a cabeça e o olhar e a partir daí propiciar o desenvolvimento da eficiência visual.

Educadores em geral

É necessário ao educador dispor de engenho, paciência e energia. Engenho para propiciar práticas à criança para explorar o meio circundante e comunicar-se com as pessoas, utilizando para isso os sentidos e os recursos de que dispõe. Quando a situação oferece essas condições e o educador (tátil, visual auditivamente) confirma-a naquilo que ela está manifestando, a criança se sente à vontade e espontânea no uso de seus sentidos e dos próprios recursos. Masini (1994) registrou dados a respeito em pesquisa com crianças deficientes visuais em escolas públicas na cidade de São Paulo. Ao lado do engenho é necessário paciência, para esperar e respeitar o ritmo da criança e não ter pressa em vê-la realizar as atividades. Engenho e paciência não são suficientes sem energia e firmeza para incentivar a criança a participar e realizar por si as atividades do dia a dia, pois às vezes parece mais fácil e mais rápido fazer as coisas por ela, em vez de esperar e insistir para que execute a tarefa.

Ser educador eficiente requer: disponibilidade para o outro e para rever-se, vontade de aprender, de pensar, de enfrentar problemas e situações com conhecimentos e critérios. Além disso, é necessário que se considerem as especificidades de cada situação, no que diz respeito às características da criança, dos pais e do contexto social.

Quando se trata de uma criança com alguma deficiência visual, é importante que o educador conheça o que é específico para sua educação. Para sua tranquilidade, porém, é importante que saiba que essa criança tem mais semelhanças do que diferenças com a criança que não tem deficiência visual. Elas têm as mesmas necessidades básicas físicas, emocionais e intelectuais. A educação, antes de mais nada, deveria priorizar esse básico, comum ao ser humano, que envolve disponibilidade para estabelecer uma relação próxima e afetiva, mostrando à criança que ela existe (seu eu ou *self*) para o educador (a). É importante, pois, que o educador(a) saiba de si e esteja atento(a) à relação que estabelece com a criança, buscando em cada situação:

— não perder de vista os pontos de similitude referentes às necessidades básicas da criança;

— estar voltado(a) para o que a criança manifesta, alerta para o que sente, para o que a experiência e o conhecimento poderão contribuir, cuidando porém para que não se precipite e interfira impedindo uma nova percepção e aprendizagem que a criança poderá estar oferecendo com seu comportamento;

— estabelecer níveis realísticos de expectativas para a criança, quer na escola, quer no lar (tanto no que se refere a atitudes e condutas, como a habilidades e conhecimentos). A criança responde bem quando sabe o que é esperado dela e quando o esperado está de acordo com as possibilidades de que dispõe.

Assim, para que possa oferecer condições apropriadas ao educando, é necessário conhecê-lo, voltando-se para o seu mundo de vida, e procurando saber o que é significativo para ele, atento ao que faz, ao que expressa gestual ou verbalmente, à sua entonação de voz, às suas expressões, à sua maneira de relacionar-

-se com pessoas e com objetos. Só a partir desse olhar atento, para perceber o que a pessoa com deficiência visual está mostrando, poderá o educador oferecer condições para seu desenvolvimento, desenvolvendo uma ação que atenda aos seus desejos e necessidades e também às suas possibilidades e limites.

Uma ação que atenda às condições efetivas para o desenvolvimento e integração social da pessoa com deficiência visual requer do educador qualidades pessoais e formação geral sobre educação, além de conhecimentos específicos em sua área de atuação. Entre as qualidades pessoais é indispensável que o educador tenha autonomia para tomar decisões na situação educacional, ultrapassando posições de dependência e submissão, atuando como mero transmissor de informações, repetidor de técnicas ou executor de normas. Para a ação docente, é necessário um ser humano capaz de organizar e transmitir com clareza seu pensamento e de transformar condições insatisfatórias, contribuindo para que o aluno desenvolva confiança em si mesmo: na sua própria capacidade de realizar uma aprendizagem significativa, elaborando informações e apontando soluções criativas para situações de sua vida.

Especificamente para a pessoa com deficiência visual, é relevante o educador estar atento aos seguintes pontos:

— fazer contato por meio dos sentidos de que seu educando dispõe, manifestando consideração e evitando o sentimento de isolamento;

— mostrar expectativas que considerem possibilidades e limites do educando frente à deficiência, em vez de expectativas cujos padrões de referência são os do desenvolvimento da criança vidente;

— estabelecer e esclarecer padrões apropriados de execução de atividades que motivem a criança a ajustar-se a suas possibilidades e seus limites;

— estar atento(a) à reação emocional de aceitação à deficiência visual e aos limites impostos por ela, atribuindo à pessoa com deficiência responsabilidades, de acordo com sua idade e desenvolvimento;

— propiciar oportunidades para a criança falar de suas descobertas sobre as pessoas e objetos e de suas experiências perceptivas.

O autoconceito e autoestima resultam da harmonização das expectativas e esperanças com as próprias concretizações e realizações, num contínuo durante toda a vida. Os fundamentos dessa harmonização, porém, estão no processo de desenvolvimento da pessoa e nas relações por ela estabelecidas com seus educadores.

Cutsforth (1951) afirma que em indivíduos cegos o autoconceito é primordial para a maneira de o indivíduo agir e se relacionar, mais ainda do que a própria deficiência visual ou os preconceitos sociais. Wright (1960) afirma que a pessoa que aceita bem sua deficiência está mais apta a considerar que as pessoas com quem se relaciona estão genuinamente interessadas nela e, consequentemente, as interações sociais não são ameaçadoras.

Itens que merecem atenção

Cabe mais uma vez enfatizar que a pessoa com deficiência visual dispõe de muitas possibilidades a serem desenvolvidas. Reiterando Lefevre e Delchet (1972), é importante assinalar que a educação de uma criança com deficiência visual requer conhecimento e consideração às suas possibilidades, sem ignorar seus limites. A privação da visão é uma limitação específica, e desta forma deve ser encarada.

Se a preocupação inicial do educador for com a integridade psíquica da pessoa com deficiência visual, isto é, a qualidade de inteireza de uma personalidade sem fragmentações, é necessário estar atento a: sua forma própria de perceber; sua experiência perceptiva; seus significados; o que pode e é capaz de realizar. A confiança que a pessoa adquire, ao ser capaz de desempenhar bem o que dela é esperado, é condição para a construção de autoconceito positivo e confiança na sua possibilidade de realização.

Educar uma pessoa com deficiência visual é propiciar-lhe condições para que desenvolva plenamente suas possibilidades naturais e possa contribuir com seu trabalho para uma comunidade à qual tenha o sentimento de pertencer.

Relacionar-se de forma genuína com uma pessoa com deficiência visual, lidar com o seu potencial intacto, saber de suas experiências perceptuais é um desafio, quer em um plano de relações familiares, quer profissionais. Experimentar estes limites tem constituído, por sua vez, condições para o encaminhamento de novas buscas de recursos, para que o aluno com deficiência visual desenvolva suas próprias possibilidades de perceber, de relacionar-se, de pensar e de agir autonomamente e integrar-se socialmente.

2
Experiências lavradas — possibilidades desveladas

Experiência pioneira em São Paulo

Em 1943, Dorina Gouveia atendeu a um convite para assistir à instalação de uma biblioteca Braille na Escola Caetano de Campos. Na sessão inaugural, a diretora da escola — Dona Carolina Ribeiro — ao consultar Dorina, perguntou se ela gostaria de continuar seus estudos, frequentando o curso normal, pois achava que era uma boa oportunidade para tentar uma experiência com uma aluna cega em um curso regular. Dorina respondeu afirmativamente e deflagrou uma metamorfose na educação.

> A entrada para a Escola Caetano de Campos foi um marco em minha vida. [...] Houve um diretor do Departamento de Educação do Estado, que afirmou: "como é que uma moça cega; uma aluna tão diferente que não tem possibilidade de ver, de estudar, de acompanhar a classe, poderia ser colocada numa escola para dar aula". Ele afirmava que eu me sentiria muito infeliz e muito frustrada... [...] Foi nessa época que se estabeleceram as bases de todo o trabalho que eu viria a desenvolver. Foi nessa época que tudo nasceu! (Nowill, 2002, p. 281)

No primeiro ano do curso normal na Caetano de Campos, Dorina não foi apresentada a nenhum professor. Estes, quando se deparavam com a aluna cega, ficavam preocupados sem saber como tratá-la. Foi colocada na classe mais forte do primeiro ano, na qual uma estudante havia se prontificado a acompanhá-la.

Inspirada nas aulas práticas de Metodologia, na qual cada estágio abria novos caminhos, e apoiada pela professora Dona Zuleika, no terceiro ano do curso normal (atualmente denominado Magistério), um grupo de alunas iniciou uma experiência pedagógica diferente. Dorina e sete colegas pediram para fazer uma visita ao Instituto Padre Chico para Cegos para desenvolver um trabalho novo — um estudo sobre a educação de cegos, buscando integrá-los na vida escolar da comunidade. O trabalho foi então realizado a título experimental, orientado por Dorina de acordo com sua experiência de pessoa cega, e todo o grupo aprendeu o sistema Braille, criou cartilhas e livros de leitura intermediária. Na alfabetização foi aplicado o método analítico sintético — adotado pela professora de Metodologia, da frase para a palavra e da palavra para a sílaba. Muitos duvidavam da possibilidade do uso desse método para a alfabetização de crianças cegas, contudo, posteriormente, em um curso nos Estados Unidos, Dorina confirmou que em várias escolas nos diversos estados esse método era aplicado da mesma forma que no Brasil.

Foi uma experiência pedagógica que nenhuma das participantes podia imaginar até onde chegariam os excelentes resultados alcançados. Entre eles, estão os seguintes: integrar os educandos cegos na vida escolar da comunidade, com a instalação, em 1946, de um setor de livros em Braille na Biblioteca Infantil Monteiro Lobato, que logo se transformou em sala para que alunos com deficiência visual passassem a frequentá-la — primeiro serviço para cegos numa biblioteca pública no Brasil; oficializar a experiência da educação de cegos com a instalação, em 1947 (cf. Nowill, 2002), do primeiro curso na América Latina de

Formação de Professores de Educação de Cegos, dentro de uma escola pública — Escola Caetano de Campos — e que se transformou num curso regular. Foi o início das especializações que depois foram criadas com base neste primeiro trabalho simples, realizado com interesse, entusiasmo, vontade e criatividade.

São Paulo foi, assim, na década de 1940, pioneira a registrar a experiência de inclusão de uma aluna cega em curso regular, que orientou seu grupo de estudos às especificidades da educação da criança cega. Este marco da inclusão de pessoa com deficiência em escola regular ocorreu duas décadas antes do movimento a favor da inclusão da Liga Internacional pela Inclusão, *Inclusion International*, ocorrido em 1960 — a luta europeia de oposição à exclusão da pessoa deficiente mental do convívio social; originária da Bélgica estendeu-se pela Europa, África, Indonésia, Índia, Austrália, Hong Kong e Américas, sendo reafirmada em 1994, na Declaração de Salamanca, na qual ficou decidida a inclusão de crianças, jovens e adultos com necessidades educacionais especiais no sistema regular de ensino, devendo a escola atender às necessidades de cada um, reconhecendo suas diversidades.

> Tudo isto tem uma importância muito grande na história da educação porque foi o passo inicial, real, concreto e objetivo para que a educação de cegos se integrasse como um processo dentro da própria educação brasileira (Nowill, 2002, p. 285).

Em Minas Gerais, luta anti-invisibilidade da pessoa cega

Elisabete Sá (2002) relata o vivido de sua infância à idade adulta e propicia que se entre em contato com seu cotidiano de tentativas e buscas, em sua trajetória de lutas e realizações. Sua família era composta de oito irmãos, dos quais cinco perderam a visão progressivamente; nascidos com a acuidade e o campo visual reduzido, podiam perceber as pessoas, os objetos, as cores e os estímulos em geral desde que próximos de seus olhos. Afetados pela mesma patologia ocular, cada um reagia a seu modo ao resíduo visual variável e ao agravamento da deficiência.

[...] não fomos poupados e todos eram tratados da mesma forma. [...] Morávamos em um bairro de periferia e brincávamos na rua com outras crianças. Bonecas, cantigas de roda, jogos, cabanas, pés de manga e de jabuticaba, teatro de rua, bailes, *shows* e brincadeiras surgem em minha memória como reminiscências de uma infância e adolescência permeadas de interações lúdicas. [...] Aprendi a ler e escrever fora da escola, graças à uma professora leiga que preparava cadernos de caligrafia, reforçando com lápis preto margens e linhas do papel. [...] Apesar das restrições e de um percurso escolar sinuoso, eu gostava de estudar e não queria abrir mão de minhas aspirações. Sempre fui aluna aplicada e inteligente, o que atenuava a resistência dos professores. [...] na Aliança Francesa consegui estudar lá, como bolsista, durante vários anos até completar o curso. [...] Usei meus conhecimentos de francês para ganhar dinheiro como professora particular (Sá, 2002, passim).

Após cursar Psicologia em universidade pública, Elisabete exerceu a profissão de psicóloga clínica. Foi uma das fundadoras e tornou-se a primeira presidente do Sindicato de Psicólogos do Estado de Minas Gerais, participando, também, da diretoria do Conselho Regional de Psicologia. Sua trajetória de psicóloga e "aluna especial" motivou sua contratação para um projeto de consultoria, junto à Secretaria Estadual de Educação — elaboração de um diagnóstico da situação em um centro de apoio aos alunos com deficiência visual de escola pública de ensino regular. Como comenta a autora, ironicamente, foi contratada nessa Secretaria como telefonista para trabalhar com um equipamento adaptado, mas foi a pesquisa resultante da consultoria que atingiu ampla repercussão, fazendo das deficiências objeto de estudo e de trabalho.

Concentrou suas atividades profissionais na rede municipal de educação de Belo Horizonte, na qual passou a atuar intensamente de forma diversificada e desafiadora. Além desse vínculo com a prefeitura, tem desenvolvido uma atuação polivalente envolvendo ações de gestão política e de formação educacional. Trabalhou em uma escola municipal de ensino especial para crianças com deficiência e atuou no Centro de Aperfeiçoamento dos Profissionais da Educação (Cape). Sua passagem pelo Cape ampliou ainda mais sua atuação, ao participar da equipe de gestão da política educacional da Secretaria Municipal de Educação.

Na qualidade de presidente do Conselho Municipal da Pessoa, entrou em contato com a fragmentação e a fragilidade do movimento de pessoas com deficiência, a desarticulação entre vários setores governamentais, geralmente organizados por áreas de deficiência e protagonizados por lideranças, familiares, dirigentes, políticos etc., que despontam no cenário de lutas, de interesses e de conquistas historicamente acumuladas. Enfatizou, frente às ações governamentais insuficientes, que compete aos conselhos promover e consolidar um projeto de efetiva participação dos usuários no controle social das políticas públicas.

A posição de liderança, junto ao Conselho, justificou sua transferência para a Secretaria Municipal de Direitos da Cidadania, onde mais uma vez deparou com a falta de condições para o desempenho de suas funções, além da dificuldade de acesso ao local de trabalho, vendo-se impelida a reinventar novas estratégias de adaptação — incessante exercício de versátil idade. A interação positiva de solicitude e camaradagem de colegas, chefes e outros agentes tem acentuado o esforço despendido individualmente ou pelo grupo de trabalho, diante da falta ou ineficiência do apoio institucional.

A falta da visão produz uma reorganização dos sentidos e das funções mentais em que a destreza tátil, a discriminação auditiva, olfativa, o raciocínio, a memória, a capacidade verbal etc. constituem poderoso referencial perceptivo [...] as abordagens e representações em torno da perda da visão e das pessoas cegas, geralmente, concentram-se em limitações, dificuldades, obstáculos, restrições, impedimentos ou incapacidades. Dificilmente, o potencial positivo, representado por habilidades, estratégias e diferentes esquemas da experiência não visual são compreendidos ou devidamente valorizados (Sá, 2002, p. 32).

Do Ceará para o Brasil: músico, intérprete, compositor e arranjador

Sérgio Sá nasceu em Fortaleza e radicou-se em São Paulo, onde construiu sua carreira de músico. Explorou e conheceu o mundo, desde o nascimento, por meio do tato e cinestesia, audição, olfato e paladar, por não dispor da visão. Com base em sua experiência musical, tem dado depoimentos em entrevistas e escreveu sobre sua condição de deficiente visual e sua relação com o mundo.

A curiosidade sempre foi um traço marcante de sua personalidade, característica que o auxiliou a superar a sensação de abandono ao mudar-se para São Paulo aos 13 anos de idade para continuar seus estudos como aluno interno do Instituto "Padre Chico". Pôde contar sempre com a união familiar — apoio que o transformou em um homem seguro e ativo.

Gravou mais de 300 canções, tendo tocado com brasileiros famosos como Gilberto Gil e Hermeto Pascoal.

Seu primeiro livro, *Fábrica de sons*, foi relançado em várias edições.

Seu segundo livro, *Feche os olhos para ver melhor — os limites dos sentidos e os sentidos dos limites*, oferece ao leitor conhecimentos sobre a experiência de vida de um cego congênito e enriquecimento ao próprio perceber. O autor faz referência à sua capacidade de transformar em prazeroso o que poderia ser apenas ácido, como usar "o limão para fazer uma limonada", quando se dispôs a escrever essa segunda obra. O sofrimento enquanto escrevia — ao resgatar momentos difíceis sobre as adaptações requeridas por ter nascido sem a visão, enquanto enfrentava e vivenciava o período do falecimento de sua mãe — preenchia o vazio e a tristeza da perda da própria mãe, pelo prazer de comunicar as superações e descobertas em sua construção pessoal e profissional.

Sá (2004, p. 11) sintetiza, no título e epígrafe do capítulo primeiro, o cerne de seu livro ao descortinar o que pode estar oculto em um mundo em que o visual predomina:

O sentido dos sentidos
Ampliar canais de percepção que
Já existem em nós e que estão
Entorpecidos por todo esse contexto em
que a visão predomina, não
Seria uma imposição natural?
Não nos tornaríamos assim mais
Integrados e capazes de interpretar
O mundo e reagir a ele?

Da exposição de situações pessoais de seu convívio familiar e descobertas sobre seu contexto de vida, além da exposição de dados da sociedade industrializada e informatizada, Sá (2004, p. 63-4) apresenta seu conceito de limite:

[...] chamo de *limite* o ponto máximo, a fronteira separando o que sabemos poder do que sabemos não poder mais. É diferente de limitação, obstáculo imposto pela vida (deficiência física ou condições sub-humanas de sobrevivência), o que nos confere fronteiras específicas. Assim, limites são medidas subjetivas, fruto de nosso próprio julgamento. *Limitações* seriam imposições objetivas, impedimentos com os quais temos de lidar independentemente dos critérios que aplicamos sobre nós mesmos. Limitações geram limites, mas a recíproca nem sempre é verdadeira.

Na busca por absorver a realidade, transpor dificuldades, ordenar o caos, vivemos em constante exploração de nossos limites; por isso temos de saber separá-los de nossas reais limitações. [...] ser criativo é saber estabelecer um limite mais amplo sobre aquele que já existia.

De sua experiência o autor expressa seus desejos, suas reflexões e convida a refletir sobre o que é conviver com a alteridade — a relação com o outro, cuja identidade difere da própria. Comenta como os padrões culturais e as poderosas influências sociais levam cada um a julgar sempre — estratégia para assegurar a própria postura e as reações de assumir ou reprimir. Considera que o problema não está em julgar, mas sim em condenar e aplicar a pena com ações de desconsideração, negação da existência do outro, gestos ou palavras de agressão. Aprofunda sua concepção assegurando que o julgamento se faz por intermédio da interpretação, fruto do próprio discernimento, priorização ou desprezo, nos quais estão presentes as próprias convicções, preconceitos ou visão inovadora. Revela sua convicção de que não se pode deixar de julgar, mas sugere que cuidados podem ser tomados: ser mais criterioso e não aceitar as aparências das coisas e das pessoas pelo que fazem, e deixa a pergunta: "Se estamos constantemente julgando e condenando, o que fazer para evitar o julgamento e a condenação dos outros?" (Sá, 2004, p. 101-2).

3
Educação de quem não dispõe da visão

Introdução

Neste capítulo, é apresentado um delineamento da educação, do processo de aprendizagem e de educação inclusiva de estudantes com deficiência visual, predominantemente da cidade de São Paulo e de algumas cidades do Brasil, por meio de: recortes de pesquisas; relatos de profissionais de instituições educacionais; depoimentos de alunos com deficiência visual.

A questão diretriz dos itens expostos é a relação com o outro, enraizada em três perguntas fundamentais (cf. Durante, 2008): 1) É possível conhecer outrem? 2) É possível compreender outrem? 3) É possível atribuir a outrem o patamar de "capaz de ultrapassar fronteiras", do ponto de vista do conhecimento e da realização de si mesmo?

São apresentadas investigações realizadas junto a escolas públicas e particulares no ensino fundamental, médio e superior: pesquisas financiadas pelo Conselho Nacional de Desenvolvimento Científico e Tecnológico (CNPq); pesquisas realizadas na Universidade de São Paulo; pesquisas realizadas no Instituto

Fernandes Figueira (IFF) da Fundação Oswaldo Cruz (Fiocruz), no Rio de Janeiro; comunicação de dados referentes à utilização do sistema Dosvox na inclusão de aluna cega nas séries iniciais do ensino fundamental.

Breve delineamento histórico

Em 1854, foi criado no Rio de Janeiro o Imperial Instituto dos Meninos Cegos, instituição federal e primeiro educandário para cegos na América Latina destinado a promover a educação e a capacitação de profissionais. Nesse modelo de internato — colégio destinado à educação e à residência de pessoas cegas — foram criadas as primeiras escolas especiais: Instituto São Rafael, em Belo Horizonte (1926), Instituto Padre Chico, em São Paulo (1928), Instituto de Cegos da Bahia, em Salvador (1929), Instituto Santa Luzia, em Porto Alegre (1941), Instituto de Cegos do Ceará, em Fortaleza (1934), e Instituto de Cegos Florisvaldo Vargas, em Campo Grande, Mato Grosso do Sul (1957).

Essas escolas especiais, apesar de segregacionistas, prestaram relevantes serviços em seu contexto histórico. As características sociais mudaram e com elas as demandas por uma educação integrada do aluno com deficiência visual, seguindo a proposta integracionista dos Estados Unidos, que em São Paulo, na década de 1950, foi realizada experimentalmente no Instituto de Educação Caetano de Campos, onde teve início a primeira sala de recursos para deficientes visuais estudarem em classes comuns. Esse marco foi assinalado pela Fundação para o Livro do Cego no Brasil (1946), hoje Fundação Dorina Nowill, complementando os dados do Capítulo 2 — a primeira instituição a capacitar professores especializados para a atuação em escolas públicas. Dessa forma, nasceu a educação especial sob o princípio da integração no sistema comum de ensino.

O princípio que norteou as práticas de integração foi o da normalização, visando oferecer às pessoas com deficiências condições de vida diária semelhantes aos que não tinham deficiência.

A integração baseava-se principalmente no modelo médico de deficiência, cujo objetivo era a adaptação da pessoa com deficiência às exigências ou necessidades da sociedade como um todo. Leis e programas de atendimento educacional que favorecessem a integração da pessoa cega na escola regular e no mercado de trabalho foram estruturados no final da década de 1960 e durante a década de 1970.

Contribuiu, também, para expandir a ideia do ensino integrado, a criação dos cursos de habilitação em nível superior, iniciados na década de 1970, na Faculdade de Educação da Unesp, em Marília, e na Faculdade do Carmo, em Santos; e, na década de 1980, na Universidade de São Paulo e na Faculdade de Educação do Paraná. Durante a década de 1980 consolidou-se a integração da pessoa cega. Em 1981, a Organização das Nações Unidas (ONU) instituiu o *Ano e a Década da Pessoa Portadora de Deficiência*, abrindo espaço nos meios de comunicação para maior conscientização da sociedade.

A partir da década de 1990, cresceu no Brasil o movimento pela inclusão, originado de diversas influências, dentre as quais: a luta europeia de oposição à exclusão da pessoa com deficiência mental do convívio social, que em 1960 deu origem à Liga Internacional pela Inclusão, *Inclusion International*, originária da Bélgica e que se estendeu pela Europa, África, Indonésia, Índia, Austrália, Hong Kong e Américas; as conferências mundiais "Educação para Todos", realizadas em Jomtien, Tailândia, em 1990; e a declaração de Salamanca, em 1994, ficando decidida a inclusão de crianças, jovens e adultos com necessidades educacionais especiais no sistema regular de ensino, devendo a escola atender às necessidades de cada um reconhecendo suas diversidades.

A diferenciação entre a proposta de integração e de inclusão pode ser enriquecida ao retomar o sentido etimológico do termo inclusão — do verbo incluir, do latim *includere*, que significa conter em, compreender, fazer parte de ou participar de. Inclusão diz respeito, pois, ao ato de incluir. Assim, falar de inclusão escolar é falar do aluno que se sente contido na escola, participando daquilo que o sistema educacional oferece, contribuindo com seu potencial para os projetos e programações da instituição.

A discussão sobre inclusão tornou-se presente em programas de graduação e pós-graduação nas universidades, em eventos científicos, nas reivindicações ligadas às pessoas com deficiência, em publicações e mesmo nos meios de comunicação.

Uma das consequências desse movimento foi a clientela que passou a procurar as escolas. As diretoras, seguindo a orientação de não excluir, começaram a receber, indiscriminadamente, crianças com deficiências, e as professoras especializadas, bem como profissionais de outras áreas que atendem a pessoas com deficiência (terapeutas ocupacionais, fonoaudiólogos, fisioterapeutas, psicólogos), começaram a enfrentar essa nova clientela, mas sem preparo para isso.

A premência de medidas referentes às condições necessárias para inclusão de alunos com deficiências, no ensino regular, tem desencadeado pesquisas sobre a inclusão de diferentes perspectivas, tais como: a formação de professores para a proposta de educação inclusiva (Camejo, 2000); a reação das mães frente à inclusão de uma criança com deficiência na classe de seu filho (Molochenco, 2003); estudos sobre inclusão do aluno com deficiência na escola regular (Solér, 2003; Voivodic, 2003); impactos iniciais da inclusão da criança com deficiência no ensino regular (Andretto, 2001).

O movimento de inclusão no Brasil tem sido acompanhado de aplausos e de reprovações. De um lado há concordância a respeito da inclusão como oposição à exclusão de pessoas com deficiências no ensino regular. Neste sentido, todos passam a defendê-la e ninguém se arriscaria a pronunciar-se contra ela. De outro, há discordância quanto à inclusão indiscriminada, na qual, sem qualquer avaliação prévia, é matriculado o aluno com deficiência na escola regular e sem análise de suas condições e das necessidades requeridas para seu atendimento, quer do ponto de vista de recursos humanos, quer do ponto de vista das adaptações físicas e materiais.

A educação inclusiva, segundo Dens (1998), abandona a ideia de que só a pessoa referendada como normal pode contribuir; volta-se para o atendimento às necessidades daquelas com deficiência e para tal requer um currículo apropriado. Contudo, isso é necessário, mas não suficiente, pois como afirma esse autor, ainda que se providencie todos os recursos pedagógicos, faz-se também necessária a mudança de ideologia, e esta é uma transformação lenta. Este posicionamento pode ser identificado com a luta de Basaglia e Ongaro (1968, 1971) contra a internação institucional do doente mental, em defesa de sua integração social. A esse respeito, assegura Basaglia (1975) que se se quer transformar a realidade — e a realidade é esta da qual dispomos —, permanece sempre o problema da contemporânea transformação de nós mesmos. Mas essa transformação do homem é a mais difícil, impregnados como somos de uma cultura que se fecha a quaisquer contradições, por meio da racionalização e do refúgio na ideologia que enfatiza e toma em consideração um só polo. Ressalta o autor a necessidade de modificações em diversos planos, para mudar a realidade — no plano da ação social, como também no da transformação subjetiva, movendo internamente a inércia do homem na relação consigo mesmo e com os outros. Sob essa perspectiva, Basaglia definiu seu conceito social de cura, que implicava uma sociedade que duvidasse da exclusão social, trazendo em seu âmago a crença na inclusão. Outras áreas reiteram a oposição a padrões cerceantes do desenvolvimento humano, como o movimento da antipsiquiatria lacaniana representada por Mannoni (1973), ao contestar o monopólio médico e pedagógico aliado à autoridade e *não* ao desenvolvimento da criança; a Pedagogia Institucional, na França, de Vasquez e Oury (1967) em uma proposta transformadora — crítica aos diagnósticos de crianças irrecuperáveis por médicos e psicólogos —, capaz de levar os alunos com deficiência mental a analisar informações vindas da comunidade, refletir sobre elas e participar de uma ação coletiva.

Inclusão em ocorrência

Da situação da inclusão escolar no Brasil, nos anos 1998 a 2012, podem-se assinalar algumas características, como as que seguem:

- adoção da declaração de Salamanca nas diretrizes educacionais dos órgãos federais e estaduais, que garantiam, em decretos oficiais, a matrícula de crianças com deficiência nas escolas regulares;
- inserção do tema inclusão em programas e eventos científicos, e reivindicações ligadas às pessoas com deficiência, em publicações e nos meios de comunicação;
- constatação de que a educação não propicia a inclusão ao matricular de forma indiscriminada alunos com deficiência, sem realizar estudos sobre as condições específicas requeridas e o correspondente preparo de professores e transformações no contexto das escolas para o atendimento da criança com deficiência.

A escola passou a aceitar a criança com deficiência em seu quadro discente, contudo, descuidando muitas vezes da formação apropriada de professores, permanecendo estes sem preparo para lidar com a criança diferente. Acresceu-se a essa problemática o fato de que o professor especializado, em sua formação, também não dispunha de tempo e espaço apropriado para lidar com o professor do ensino comum. Assim, a entrada de crianças com deficiência na escola regular nem sempre contou com as condições necessárias para que o processo de inclusão pudesse ocorrer.

O que ficou exposto demanda esclarecimentos sobre o que é necessário para propiciar a inclusão de seus alunos, cujos conhecimentos e informações ganham importância ao considerar que a escola: 1) é a única instituição imposta a todos e que por mais tempo mantém contato sistemático com a criança e o jovem; 2) é o local que a sociedade instituiu para o ensino-aprendizagem. Aprendizagem concebida como a mudança de uma etapa do desenvolvimento para outra mais avançada, processo através do qual se desenvolvem habilidades, raciocínio, atitudes, valores, vontades, interesses, aspirações, integração, participação e realização.

A escola precisa dispor de conhecimentos e informações que considerem a totalidade do aprendiz, de sua individualidade e de sua cultura em vez de restringir-se a aspectos fragmentados; envolve conhecimento teórico sobre a constituição do ser humano na totalidade de seu ser — corpo, afetividade e compreensão em um meio cultural — com seus específicos valores, hábitos e linguagem.

A inclusão é um problema da sociedade e os paradoxos e resistências têm que ser encontrados no sistema social. Nesse sentido, há mudanças assinaladas por estudiosos ligados à questão da inclusão escolar como à própria concepção de deficiência, como são delineados a seguir.

Rieser (1995) propôs que se ficasse atento às barreiras sociais que não estão diretamente ligadas à deficiência, mas a preconceitos, estereótipos, discriminações; Mrech (1999) afirmou que os problemas da pessoa com necessidades especiais não estão nela tanto quanto estão na sociedade, que deverá ser chamada a ver que cria problemas para as pessoas com necessidades especiais, causando-lhes desvantagens.

No Brasil, no que se refere à questão da inclusão de estudantes com deficiência na escola regular, tanto professores universitários especialistas no assunto, como profissionais que atuam diretamente com esses alunos têm se referido ao que propicia e ao que constitui dificuldades à sua realização. Entre os professores universitários, Mazzotta (1998) enfatizou a necessidade de, além dos ideais proclamados e das garantias legais, conhecer as condições reais da educação pública e obrigatória, para identificar e dimensionar os principais pontos de mudanças necessárias; Amiralian (1999) assegurou que o movimento de inclusão só terá sucesso se houver investimentos em mudanças profundas no sistema educacional e nos profissionais; Bueno (2001) referiu-se à necessidade de apoio ao trabalho docente, para implementar o processo de inclusão. A opinião a respeito da viabilidade da inclusão dos que estão na prática das escolas — de professoras e orientadora educacional especializada em deficientes visuais, professor de educação física e uma psicóloga, pertencentes à Educação Especial da Secretaria de Educação da Prefeitura de São Bernardo, no estado de São Paulo, em 1999 — apontou o que segue. Para que ocorra a inclusão é necessário união entre a escola e a comunidade; um processo gradativo com estudo, planejamento, orientação à família e à comunidade; equipe suficiente, com preparo e disponibilidade; equipamento apropriado e serviços de apoio técnico e pedagógico. Sem essas condições a inclusão não ocorre.

Alguns especialistas em educação especial apresentaram sugestões de recursos necessários à efetivação da inclusão escolar. Mrech (1999) propôs:

- aconselhamento aos membros da equipe para desenvolverem novos papéis para si e para os demais profissionais envolvidos;
- auxílio na criação de novas formas de estruturação do processo ensino-aprendizagem, direcionados às necessidades dos alunos;
- oportunidade de desenvolvimento aos membros da equipe;
- apoio ao professor de sala comum em relação às dificuldades de cada aluno e de seus processos de aprendizagem;
- compreensão, por parte dos professores, da necessidade de ultrapassar os limites de cada aluno a fim de levá-lo a alcançar o máximo de sua potencialidade;
- possibilidade de que os professores tenham acesso a alternativas para implantação de formas adequadas de trabalho.

Masini (1999) ressaltou a responsabilidade dos envolvidos diretamente no processo de inclusão escolar e assinalou a necessidade de que:

- cada um conheça seus próprios limites, pessoais e de formação, e no que pode contribuir para a inclusão do aluno com deficiência;
- sejam examinadas as condições e limites das escolas;
- sejam analisadas as formas possíveis para que a inclusão se realize em benefício do estudante com deficiência;

- façam projetos educacionais em uma dialética teoria/prática, com constante avaliação do que ocorre com o aluno com deficiência.

Enfatizou Masini (2000) a importância de investigações que forneçam dados sistematizados e analisados sobre experiências de inclusão de alunos com deficiências em escolas, identificando:
- como fazer a inclusão no que diz respeito aos recursos humanos e materiais;
- com quem, ou seja, quais os alunos a serem integrados e incluídos;
- onde serão incluídos, tanto do ponto de vista educacional como social;
- o que se objetiva da inclusão;
- condições oferecidas para que ocorra.

Dados de pesquisas

Recortes da pesquisa Atendimento pedagógico a alunos com deficiência visual com dificuldades de aprendizagem[1]

Objetivos:
— identificar se a dificuldade era real, isto é, resultava da *não* compreensão, ou de não ser capaz de elaborar e organizar a informação;
— identificar se a dificuldade era aparente, isto é, resultava da falta de recursos auxiliares (manejo do sorobá, do sistema braille etc.) para a organização da informação.

---

1. Financiada pelo Conselho Nacional de Desenvolvimento Científico e Tecnológico (CNPq) — 1998-1999.

Para alcançar esses objetivos foram executadas as seguintes etapas:

1. estudo e profundamente do que constitui o ato de aprender* e as dificuldades que interferem nesse processo levando a problemas de aprendizagem;
2. identificar atitudes e condições que facilitem o desenvolvimento de sua aprendizagem significativa** e superação de algumas dificuldades;
3. identificação do que se entende por dificuldade real*** de aprendizagem e dificuldade aparente**** em situações ilustrativas de atividades de crianças com e sem deficiência visual;
4. exposição de material especializado usado por deficientes visuais: reglete e punção de diferentes tipos; máquina de datilografia braille; sorobá; cubaritmo; das sessões de atendimento e sobre a análise desse material;
5. realização de quadros de análise para a identificação das dificuldades reais e aparentes;
6. orientações, exercícios e correções sobre os registros (descrição minuciosa) das sessões de atendimento e sobre a análise desse material;

---

* Ato de aprender — a ação do sujeito durante o seu processo de aprender e a consciência que ele tem do que realiza.

** Aprendizagem significativa — aquela que ocorre quando o aprendiz organiza, elabora e compreende o que é ensinado.

*** Dificuldade real: aquela que resulta da falta de compreensão das condições para a compreensão, organização e elaboração do material a ser aprendido, seja por falta de experiência perceptiva, ou disposição para lidar com as próprias incapacidades.

**** Dificuldade aparente: aquela que resulta da falta de mecanismos (ou recursos) auxiliares para a realização das tarefas, incapacitando o aluno para operacionalizar as atividades, mas que ele pode oralmente mostrar que compreendeu o conteúdo.

7. orientações, exercícios e correções sobre os registros (descrição minuciosa) das sessões de atendimento e sobre a análise desse material;
8. realização de quadros de análise para a identificação das dificuldades reais e aparentes de aprendizagem e as atitudes da professora.

Os alunos atendidos estudavam em escola da cidade de São Paulo, com sala de recursos para o atendimento de alunos com deficiência visual, localizada próxima ao *campus* da Universidade de São Paulo.

Quadro 1. Dados dos Alunos Atendidos

Nome	Idade	Grau escolar	Problema visual	Causa da deficiência	Queixas das professoras
Fabíola	12	3ª série	Cegueira	Rubéola	Matemática
Jean	10	4ª série	Cegueira	Retinopatia prematuridade	Leitura, escrita e relacionamentos
Jenifer	8	(não alfabetizada) 1ª série	Cegueira	Traumatismo	Poucos movimentos da mão direita para escrita
Kátia	13	4ª série	Baixa visão	Toxoplasmose	Escrita. Não aceitação de recursos ópticos
Lauro	14	(não matriculado) 3ª série	Baixa visão	Retinose pigmentar e Amaurose de Leber	Leitura e escrita
Rubens	13	2ª série	Baixa visão	Catarata congênita	Leitura e escrita e falta de apoio familiar

A análise do material de atendimento mostrou que algumas dificuldades aparentes e algumas dificuldades reais das crianças com deficiências visuais podem estar relacionadas com a própria deficiência e outras não, conforme exposição a seguir.

Entre as dificuldades aparentes de aprendizagem relacionadas com a deficiência visual algumas podem ser atribuídas a não utilização dos recursos ópticos recomendados (óculos, lupa), diminuindo assim suas condições de aprendizagem. Pode-se considerar dificuldade aparente por não provir de falta de compreensão, mas do uso inadequado ou ausência dos recursos apropriados. Isso se reflete nas atividades escolares como, por exemplo, não poder usar o dicionário, por não enxergar, deixando de resolver suas dúvidas quanto à escrita e ao significado das palavras.

Entre as dificuldades aparentes de aprendizagem *não* relacionadas à deficiência visual podem ser mencionadas as falhas do aluno no uso de mecanismos das operações matemáticas, ao mostrar ter raciocínio lógico, respondendo corretamente a situações-problema, mas apresentando algumas dificuldades nas contas de subtração/adição etc.; algumas dificuldades para ler e escrever que apresentaram melhorias ao longo das sessões de atendimento, quando se ampliou o conhecimento do aluno sobre letras, sílabas e palavras. Por não haver problemas de compreensão, a simples revisão do trabalho realizado permitia ao aluno perceber onde estava seu erro.

Entre as dificuldades aparentes de aprendizagem podem ser citadas algumas atitudes da criança frente à situação de ensino-aprendizagem, tais como: não responder ao que era perguntado; negar-se a terminar uma conta; negar-se a continuar a atividade; não responder a perguntas sobre o tema tratado. Também acarretavam esse tipo de dificuldade de aprendizagem algumas atitudes da família desinteressada, como as faltas frequentes às sessões ou à escola.

A análise de algumas dificuldades aparentes de aprendizagem não autoriza afirmar se estas estão ou não relacionadas com a deficiência visual, requerendo aprofundamento na investigação dessa situação. Como ilustração, podem-se citar a *não* percepção da falta de uma letra que não havia sido escrita, assim como repetir a leitura da mesma frase duas vezes.

As dificuldades reais resultantes da falta de compreensão podem ocorrer de diferentes maneiras, conforme ilustram os exemplos a seguir: *não* identificar tatilmente objetos em miniatura e *não* conseguir nomeá-los, mesmo com ajuda; não conseguir relacionar as letras iniciais com as palavras propriamente ditas; não compreender os significados de unidade, dezena, centena.

Quanto à atitude das professoras, a análise evidenciou que cada uma delas ofereceu recursos para que os alunos participassem: propiciando escolhas; diversificando as atividades do processo ensino-aprendizagem; buscando que cada criança se manifestasse, falando, escrevendo ou desenhando; procurando situações em que o aprendiz pudesse perceber, organizar e elaborar os dados; no caso de erro, facilitando a retomada do que havia feito para notar onde estava o erro; estando atenta aos interesses do aluno; verificando quais eram suas facilidades e dificuldades; introduzindo assuntos da cotidianidade da criança; sondando diferentes aspectos, quando não era clara a problemática de aprendizagem; felicitando-os quando acertavam e incentivando-os a continuarem; dando especial atenção à falta de experiência perceptiva, condição básica para a compreensão, organização e elaboração do material a ser aprendido; oferecendo diferentes situações e recursos para que a criança melhorasse sua exploração e percepção de objetos.

Cabe ainda assinalar que algumas crianças com deficiência visual não apresentaram nenhuma dificuldade real de aprendizagem, ou condições que conduzissem a dificuldades reais de aprendizagem, apresentando somente dificuldades aparentes.

Esses dados evidenciaram a premência de investigações que propiciassem maior conhecimento das características próprias do desenvolvimento e da aprendizagem de alunos deficientes visuais, dando origem a um outro projeto, conforme exposto a seguir.

Recortes da pesquisa Inclusão escolar do aluno com deficiência visual[2]

Objetivos:

Analisar o processo de inclusão escolar e social de crianças, adolescentes e jovens deficientes visuais, em 3 níveis de escolaridade — 1º grau, 2º grau e 3º grau — para verificar suas condições de desenvolvimento em situações educacionais, em seus relacionamentos e na escolarização: do ponto de vista do aluno; do ponto de vista dos pais; do ponto de vista do professor; do ponto de vista de coordenadores pedagógicos.

A coleta de dados foi realizada através de entrevistas semiestruturadas, com cada um dos participantes: doze alunos, dez professores, dez mães e dez coordenadoras. A análise foi feita em quatro etapas: 1) Levantamento de significados — 1º nível (trabalho exaustivo de cada entrevista realizada); 2) Categorização dos dados, em *O que favorece a inclusão* e *O que dificulta a inclusão*, de cada um dos entrevistados; 3) Convergências de significados sobre *O que favorece a inclusão* e *O que dificulta a Inclusão;* 4) Reflexões sobre os significados e convergências.

São apresentados a seguir os dados mais relevantes do terceiro e quarto níveis de análise.

---

2. Financiada pelo Conselho Nacional de Desenvolvimento Científico e Tecnológico (CNPq) — 2002-2004.

Os dados sobre *o que favorece a inclusão* e *o que dificulta a inclusão* propiciam visualização dos pontos convergentes entre os quatro grupos de entrevistados: alunos, mães, professores e coordenadores.

O que favorece a inclusão — itens de relevância para cada grupo

Os alunos apontaram dois itens como os fatores mais importantes para a inclusão ou bem-estar na escola regular: a) possuir amizade com os colegas; e b) frequentar uma instituição especializada de atendimento. Dez entre os doze alunos entrevistados (10/12) assinalaram como importante o auxílio prestado por colegas de sala em relação às atividades escolares, como quando os colegas dispunham-se a ditar a matéria da lousa, ajudar nas lições e no entendimento da matéria. Alguns citaram colegas que moravam na mesma rua, amigos da mesma instituição de atendimento especializado (também com deficiência visual) e, até mesmo, amigos dos pais. Com os amigos, os alunos realizavam atividades de lazer, compartilhavam intimidades e foram auxiliados nos deveres escolares quando precisaram. Especificaram o que desenvolviam, por exemplo, na instituição especializada Laramara: curso de pintura, modelagem e teclado; aulas de inglês e educação; aulas de orientação e mobilidade; testavam os materiais desenvolvidos pelo Laratec (na época da entrevista estava com uma nova máquina Braille) e realizavam pesquisas a respeito da deficiência visual, as quais enviavam para a instituição; curso de informática e trabalho no telemarketing na instituição; curso de violão e trabalho no telemarketing; aprender o Braille; aulas de teatro e canto; atendimento com uma psicóloga e uma pedagoga; curso de dança; grupo de jovens; natação e fisioterapia.

Referência a características próprias da pessoa com deficiência: oito dos doze entrevistados (8/12) fizeram referência à relevância de possuir vontade própria e determinação e ser uma pessoa com iniciativa e persistência, citando para ilustrar: procurar emprego, ser independente, andar de ônibus e metrô sozinho, trabalhar, ajudar a mãe nas tarefas domésticas.

As mães dos entrevistados, unanimemente (7/7), deram grande importância às atitudes de independência e autonomia da(o) filha(o), tais como: pegar um ônibus e metrô sozinho(a); ir bem na escola; fazer planos para o futuro, como um curso de computação; brincar na rua; fazer esportes e mostrar força ao lutar por seus direitos, como quando o filho entrou com um processo contra uma editora e quando a filha realizava cobranças aos professores. Assinalaram (7/7), também, grande importância às atitudes que elas próprias (mães) realizaram a fim de contribuir para o aprendizado da(o) filha(o): atitudes tanto no sentido de encorajar a fazer as tarefas escolares, para saber que eram capazes, quanto no de ajudar quando necessário, ditando lições.

Enfatizaram a importância de os filhos terem frequentado ou frequentarem a instituição especializada Laramara, citando os cursos e/ou atividades das quais as filhas ou filhos participavam, e fazendo referência ao atendimento oftalmológico e psicopedagógico.

Devido à semelhança de respostas de professores e coordenadores, estes dois grupos foram reunidos. Os professores e coordenadores das escolas apontaram como item que mais favorece a inclusão ser bom aluno: inteligente, esforçado e participativo, características apresentadas quando o aluno fazia perguntas e colocações durante a aula, realizava as tarefas adequadamente (com capricho) e apresentava facilidade para aprender o conteúdo da aula, esforçando-se e procurando ajuda quando tinha dificuldade (15/17). Ressaltaram também a importância de atitudes dos alunos que podem favorecer sua inclusão, tais como: independência e autonomia em locomover-se adequadamente e sem ajuda nas dependências da escola; tendo um pouco de visão, conseguir ler e escrever com o auxílio da lupa; ter vontade de trabalhar e andar sozinho na rua; fazer exigências aos professores no sentido de receber o mesmo tratamento que os demais alunos (9/17).

Dois professores do ensino fundamental afirmaram que buscavam orientações com outros profissionais a fim de adaptar-se às necessidades do aluno e propiciar seu aprendizado: uma professora precisou mudar muitos hábitos, modificando seu jeito de falar, sua forma de escrever na lousa, passando a escrever com letras e espaçamentos maiores e a reforçar as linhas do caderno de aluna com baixa visão com canetinha e escrever em linhas alternadas; uma das professoras foi orientada por uma colega a utilizar uma folha especial com caneta grossa, para que a aluna com baixa visão pudesse ler. Duas professoras da sala de recursos e a psicóloga da escola de um dos alunos do ensino fundamental realizavam um trabalho de orientação e conscientização sobre como trabalhar com pessoas com deficiência visual, com os colegas, professores e familiares do aluno: conversando com a família, orientando professores e preparando a classe para receber o colega. A professora de uma aluna da escola fundamental explicava para a sala o que era a deficiência, ensinando os colegas a respeitarem a aluna. As duas professoras do ensino fundamental consideraram gratificante o trabalho que realizaram com os alunos com deficiência.

O que dificulta a inclusão — itens de relevância para cada grupo

Para a maioria dos alunos (9/12), o que mais dificultava a inclusão era a falta de disponibilidade dos professores para ouvir as necessidades do aluno e adaptar-se a elas, procurando recursos e outras técnicas para ensiná-lo. Por exemplo: alguns professores de aluna do ensino médio recusaram-se a fazer provas ampliadas; segundo uma das alunas, "falta iniciativa de alguns professores", eles assustavam-se com a máquina em Braille e reclamavam do barulho. Um professor não deu atenção a um aluno e foi um pouco grosso, quando este foi conversar com ele a respeito de sua dificuldade em entender a letra do professor na lousa. Esta característica denota a falta de preparo pedagógico, técnico e psíquico desses profissionais.

É importante sinalizar que alguns alunos (3/12) reconheceram que os professores faziam menos cobranças a eles, em relação aos demais, para as atividades desenvolvidas em sala de aula. Exemplos citados: os professores do ensino médio consideravam uma das alunas "café com leite", ou seja, realizavam menos cobranças em relação ao aprendizado; outros não tinham consciência de que o raciocínio era o mesmo para quem enxergava e para quem não enxergava; um aluno não aprendeu as matérias de exatas na faculdade, pois os professores não lhe cobravam os exercícios, considerando-os muito difíceis para ele.

Alguns alunos (4/12) ressaltaram a falta de preparo da escola (estrutura, recursos oferecidos). Em uma das escolas, faltava um melhor aparato e recursos que possibilitassem a chegada do conhecimento até o aluno. Inicialmente, ele não era levado ao recreio e permanecia sozinho na sala. A sala de uma das alunas era muito escura e, por isso, ela não conseguia fazer a lição. A antiga escola de um dos alunos cobrava para transcrever seu material para o Braille e não o matriculou no ano seguinte por ele ser deficiente visual.

Quatro entre doze alunos (4/12) sentiram-se discriminados pelos colegas de classe. Uma das alunas sentira-se discriminada durante as atividades em grupo na faculdade, outra disse que os demais não consideraram suas opiniões por ela ser cega. Um professor comentou que os colegas de Mônica a chamavam de "ceguinha", até outra professora intervir. Uma das mães comentou que os colegas de sua filha chamaram-na de cega, doente e bateram nela.

A maioria das mães (6/7) falou sobre o despreparo dos professores, referindo-se mais ao aspecto da discriminação destes para com seus filhos. Por exemplo: o professor chamar o aluno de *lento, lerdo, ceguinho e/ou anormal*. As professoras de uma das alunas achavam que ela fazia frescuras.

Apenas duas entre sete mães (2/7) consideraram que as escolas que seus filhos estudaram não possuíam recursos para o ensino dos deficientes visuais (elas reconhecem a falta/falha nos professores, mas pouco na estrutura da escola como um todo).

A maioria dos professores (8/10) sinalizou a mesma dificuldade: falta um preparo pedagógico, discussão e orientação; falta de equipamentos específicos e de treinamento para saber utilizá-los; preparo psicológico. Alguns exemplos: o professor de Bruno reclamou da falta de preparo, equipamentos específicos, das classes numerosas e de que as críticas caem sobre os professores, e que cursos deveriam ser oferecidos a eles, "não tenho tempo de correr atrás de tudo, não sei Braille"; Cristina afirmou que "em função da aprovação automática os professores não têm como cobrar muito"; a professora de Mônica afirmou que faltava a presença de um especialista em deficiência visual na escola; a professora de Marina gostaria de aprender Braille, mas não sabe aonde ir.

Alguns professores (4/10) reconheceram e sinalizaram esse despreparo como um dos fatores que mais dificultavam a inclusão do aluno com deficiência. Alguns professores optaram por ensinar ou cobrar menos conteúdo do que ensinavam e cobravam dos outros, sentiam-se culpados por esse despreparo e receosos quanto à cobrança vinda dos pais dos alunos. Alguns exemplos: o professor considerava muito difícil ensinar inglês a um dos alunos, não passava todo o conhecimento como aos demais alunos, e realizava cobranças distintas (o aluno fazia a prova em casa); a professora de história ressentiu-se por sentir dificuldades em ensinar toda a matéria ao aluno e por não saber o Braille; era a primeira experiência da professora de uma das alunas com deficientes visuais e ela temia as cobranças da mãe da aluna; uma das professoras considerou que tinha dificuldades em lidar com a necessidade de atenção dos alunos deficientes visuais, e "há problemas na comunicação". A professora de química não sabia como ensinar a tabela periódica, pois não existia essa tabela em Braille.

Uma professora ressaltou o fato de um professor ofender o aluno, referindo-se a ele de forma não apropriada. A professora da sala de recursos relatou que outro professor chamou um dos alunos do ensino fundamental de "ceguinho" na frente de seus colegas.

A maioria dos coordenadores (5/7) afirmou que a escola não possuía recursos (equipamentos, sala de recursos) e os profissionais não possuíam preparo pedagógico, técnico e psicológico, necessários para a inclusão do aluno com deficiência, considerando este item o que mais dificulta a inclusão.

Poucos coordenadores (2/7) comentaram sobre professores que se recusaram a trabalhar com o aluno com alguma deficiência ou, quando o fizeram, exigiram menos do que dos outros alunos. Os exemplos citados: a professora de educação física recusou-se a lecionar para um aluno; os professores de duas alunas quiseram passar apenas duas questões para os alunos deficientes visuais no simulado.

É interessante notar que, de modo geral, as condições convergentes entre os alunos repetem-se nos demais grupos. Entretanto, não com a mesma incidência. Por exemplo, entre os alunos e as mães, parece ser geral a insatisfação com a qualidade do trabalho dos professores. Nas entrevistas com os professores e coordenadores, esse dado apareceu apenas em algumas entrevistas.

A sistematização e a análise dos dados sobre o que ocorreu com esses alunos com deficiência visual na escola regular permitiram afirmar que a inclusão escolar permanecia ainda um desafio a ser enfrentado com cuidado e zelo pela comunidade escolar como um todo. De diferentes maneiras os quatro grupos apontaram a falta de preparo pedagógico, de discussão com o professor e de orientação; falta de equipamentos específicos e de treinamento para saber utilizá-los; despreparo psicológico para o relacionamento com o aluno com deficiência visual. Alguns professores verbalizaram a importância de que fossem ministrados cursos para trabalhar com o aluno com deficiência, reconhecendo e assinalando o próprio despreparo profissional como um dos fatores que mais dificultam a inclusão.

Cabe ainda mais uma vez lembrar que para a inclusão escolar do aluno com deficiência visual ocorrer é indispensável considerar os seguintes pontos, que se destacaram na análise: a importância de ser bem acolhido pelos colegas e apoiado por estes, item mais significativo para os alunos sobre o que facilita a inclusão; a diferença entre a relação das professoras do ensino fundamental e professores do ensino médio com o aluno; ser benfeito o trabalho das professoras da sala de recursos, para que a inclusão escolar fosse eficaz e, principalmente, para que fosse "democratizada" e não restrita àqueles que desfrutam do apoio de associações especializadas, como Laramara.

A pesquisa tornou claro que a inclusão não pode ocorrer sem a participação e preparo de toda a comunidade educacional. É um trabalho que vai se constituindo ao longo do tempo, não ocorre nem se concretiza pelo esforço isolado de uma instituição, por mais completo que seja esse atendimento e apoio ao aluno com deficiência visual. A inclusão requer continuidade, requer interdisciplinaridade, requer o envolvimento de todos que participam do processo educacional do aluno, para que o educando sinta-se apto a participar, contido na escola e com possibilidades próprias para contribuir para a comunidade educacional a qual tenha o sentimento de pertencer.

Dados referentes à utilização do Sistema Dosvox na inclusão de aluna cega nas séries iniciais do ensino fundamental

A apresentação a seguir foi retirada da comunicação realizada por Wagner A. R. Maia, "*A inclusão de alunos cegos com o uso do Dosvox na sala de aula do ensino regular de 1º ao 5º ano do ensino fundamental*" disponível em: <intervox.nce.ufrj.br>. Seu objetivo foi o de relatar a experiência do uso do Dosvox como facilitador da inclusão de crianças cegas nas séries iniciais do ensino fundamental.

JFM, sujeito do relato, é uma aluna cega de oito anos, com deficiência física e deformidade na pele das mãos, o que dificultava a leitura do Braille. Foi reprovada duas vezes na alfabetização, no Educandário para Cegos São José Operário, por dificuldades na percepção e leitura do Braille. Apesar disso, aos cinco anos de idade, já estava alfabetizada e escrevendo suas primeiras cartas pelo correio eletrônico, e aos seis anos utilizava ferramentas de *chat* por texto e programas de comunicação por voz e vídeo.

Encontra-se incluída, matriculada no 3º ano do ensino regular, na escola municipal Maria Lúcia, do município de Campos dos Goytacazes (RJ), onde utiliza *notebook* equipado com o sistema Dosvox; tem todo o seu material preparado em arquivos de texto, para ser lido pelo Dosvox: livros, folhas de atividades, provas; adaptação através da descrição textual dos gráficos. Com o uso do computador, a comunicação escrita com o mundo das pessoas que enxergam se tornou algo tão natural para JFM, que outros alunos acabam ajudando o professor a verificar o andamento das atividades, corrigindo e comentando o que leem na tela do computador dessa aluna.

Maia assinala que se não forem oferecidos à(ao) aluna(o) com essas características igualdade de condições de aprendizagem e acesso aos conteúdos em sua integridade, há impossibilidade de alcançar determinados objetivos devido à deficiência do sistema de ensino e de oportunidades de aprendizagem oferecidos de forma insuficiente a este aluno.

Dados referentes a *Alunos cegos egressos do Instituto Benjamin Constant (IBC) e sua inserção comunitária*

Carmelino Souza Vieira, professor do IBC e diretor de instituição de 1994 a 2003 realizou uma investigação junto a 87 ex-alunos do IBC que concluíram o ensino fundamental no período de 1985 a 1990, cujo objetivo foi identificar as principais dificuldades encontradas em relação à continuidade dos estudos e às barreiras na hora de conseguir emprego.

A análise mostrou dos 87 sujeitos da pesquisa os seguintes dados: 48 trabalhavam em estabelecimentos públicos (23 em instituições municipais, 15 estaduais e 10 federais); 11 em empresas privadas; 19 eram trabalhadores autônomos; e 9 estavam desempregados. Mais da metade havia concluído o ensino médio, muitos cursavam o ensino superior, alguns faziam mestrado e um havia terminado o doutorado.

Essa pesquisa foi realizada na tese de doutorado defendida no Instituto Fernandes Figueira (IFF) da Fundação Oswaldo Cruz (Fiocruz), no Rio de Janeiro, 2006, tendo Vieira concluído o que segue.

A maioria dos jovens com deficiências ainda enfrenta dificuldades em deixar a escola especializada e continuar os estudos em uma escola tradicional de nível médio ou universitário. Muitos acabam se tornando vítimas de preconceitos dos próprios alunos ou professores.

"*O maior problema é o desconhecimento da sociedade a respeito das potencialidades desses indivíduos. E essa falta de informação da sociedade gera preconceito*" (Vieira, 2006).

A *Information Literacy* e o deficiente visual no ensino superior

São apresentados a seguir recortes de dados de uma pesquisa de doutorado realizada na USP (Passos, 2010), na cidade de São Paulo. O estudo propôs-se: 1) mapear o padrão de busca e uso da informação de pessoas com deficiências que tinham ingressado ou que fossem egressos do ensino superior paulista no seu processo de construção de trabalhos acadêmicos; 2) saber como esses estudantes percebiam a necessidade, adquiriam, compreendiam e utilizavam a informação.

A coleta de dados foi realizada através de entrevistas semiestruturadas, com roteiro referenciado no modelo "Competência informacional" de Kuhlthau (2003), constituído de seis estágios do processo de busca de informações. A análise foi feita no mesmo referencial dos seis estágios do processo de busca de informações: 1) Iniciação — reconhecimento do que seria necessário de informação para resolver o problema; 2) Exploração — decisão sobre o tópico geral que seria investigado; 3) Exploração sobre a informação referente ao tópico geral como objetivo de formar um foco; 4) Formulação do foco a partir da informação encontrada; 5) Coleta — buscar e reunir a informação pertinente ao foco definido; 6) Concluir a busca pela informação e apresentar os resultados.

A autora da pesquisa, a partir dos dados analisados, evidencia que os sujeitos pesquisados reiteraram a escassez de material bibliográfico acessível em Braille e o uso da internet, recorrendo aos *sites* em que há livros digitalizados e transformados em arquivo txt. Ficou assinalado que a grande dificuldade dos sujeitos da pesquisa era o acesso aos ambientes digitais. Somente duas tecnologias assistivas leem "PDF" — o *software* JAWS, considerado pelas pessoas com deficiência visual o mais eficiente para acessar a internet, e o *software* NVDA, desenvolvido pelo Microsoft. O JAWS requer considerável investimento financeiro para sua aquisição e o NVDA é gratuito, porém apresenta erros em sua execução. No caso da extensão PDF protegido, o problema amplia-se, pois os leitores de telas não leem as imagens e os PDFs protegidos são imagens e, dessa forma, os arquivos tornam-se inacessíveis.

Foi apresentado um elenco de possíveis ações, fruto da convergência entre as habilidades e competências necessárias para que o estudante com deficiência visual seja competente em informações, contidas em três dimensões, relacionadas às barreiras de acessibilidade: informacional, digital e no âmbito dos relacionamentos.

Para amenizar as barreiras de acessibilidade informacional foram elencadas quatro dimensões no processo de desenvolvimento de programas de competência informacional: ações pedagógicas; proficiência na busca e uso de informações; infraestrutura; políticas.

Quadro 2 — Perfil dos entrevistados

Sujeitos	Sexo	Curso	Tipo de Curso	Período/ano conclusão	IES	Tipo de Trabalho	Grau de deficiência
A1	Masc	Direito	Graduação	Cursando 9º semestre	UMSBC	TCD individual	Ficou cego aos 18 anos
A2	Fem	Relações públicas	Graduação	Cursando 9º semestre	Unisa	TCD grupo	Cega de nascença
A3	Masc	História	Graduação	Cursando 4º semestre	Unisantana	TCD individual	Ficou cego aos 28 anos
G1	Masc	Direito	Graduação	Conclusão 2008	UMSBC	TCD individual	Ficou cego aos 16 anos
G2	Fem	Pedagogia	Graduação	Conclusão 2008	Uniesp	TCD grupo	Ficou cega aos 18 anos
G3	Masc	Direito	Graduação	Conclusão 2008	USC	TCD individual	Cego de nascença
G4	Masc	Tecnólogo em redes	Graduação	Conclusão 2008	UMSBC	TCD grupo	Cego de nascença
G5	Fem	Direito	Graduação	Conclusão 2002	UMC	TCD individual	Ficou cega aos 23 anos
M1	Masc	Direito	Mestrado	Conclusão 2007	PUCSP	Dissertação	Cego de nascença
M2	Masc	Ciências Sociais	Mestrado	Cursando Depósito maio 2010	USP	Dissertação	Visão subnormal de nascença, cego aos 24 anos

Para amenizar as barreiras de acessibilidade digital impostas à pessoa com deficiência visual foram então sugeridos: 1) promoção de programas de acessibilidade digital para essas pessoas: 2) instituições preocupadas e atuantes na orientação de *sites* seguindo padrões de acessibilidade internacional (W3C); 3) organismos governamentais comprometidos com políticas públicas que garantam esses padrões internacionais para informações científicas e tecnológicas.

Para amenizar as barreiras no âmbito do relacionamento, na maneira pouco apropriada como o estudante com deficiência visual é visto e tratado, foram propostas as seguintes ações: 1) formar e instrumentalizar professores e bibliotecários para lidar com esses alunos; 2) promover reflexão em todas as instâncias do IES sobre a necessidade de uma postura mais inclusiva de todos os participantes.

Passos enfatiza o grande desafio na finalização de sua tese: conseguir que as autoridades públicas e a sociedade em geral se organizem em um projeto que busque solucionar a exclusão das pessoas com deficiência visual. Como afirmou um dos sujeitos em sua entrevista, "[...] mesmo na falta de algumas condições no curso universitário a gente consegue concluir" (Passos, 2010, p. 157).

Entrevistas com alunas cegas de uma universidade particular

As entrevistas tiveram como objetivo obter informações sobre os aspectos favoráveis e dificultadores para participar do curso universitário como aluna cega. A homogeneidade na coleta dos dados, realizada por duas diferentes entrevistadoras, foi assegurada por meio do estabelecimento das quatro perguntas que seguem:

— Cite itens que favoreceram sua aquisição de conhecimentos no curso universitário.

— Cite itens que favoreceram sua participação social no curso universitário.
— Cite itens que dificultaram sua aquisição de conhecimentos no curso universitário.
— Cite itens que dificultaram sua participação social no curso universitário.

Quadro 3 — Dados das entrevistadas (nomes fictícios)

Nome	Tipo de deficiência	Grau de escolarização	Idade	Curso universitário
Paula (aluna)	Cegueira congênita	Graduação em 2009	43 anos	Letras
Rosa (aluna)	Cegueira congênita	Mestrado 2010 a 2012	37 anos	Mestrado interdisc.

As entrevistadas, uma recém-egressa do curso de graduação em Letras e outra mestranda na mesma universidade, informaram sobre o que favoreceu e o que dificultou seus estudos e participação social na universidade, conforme segue.

O que favoreceu a aquisição de conhecimento

NA GRADUAÇÃO:

- o diálogo constante com a coordenação quanto às suas necessidades; a compreensão e auxílio dos colegas de classe, no que diz respeito aos materiais; maleabilidade de alguns professores, fornecendo prova adaptada à sua individualidade e limitações; disponibilidade de materiais em formato digital antecedendo as aulas.

NO MESTRADO:

- a tecnologia da informação: *software* de voz/uso da internet/livros digitalizados; a interação com professores e colegas; auxílio nos trabalhos que o curso exigia — descrição de imagens/ditado de textos projetados/explicação dos diferentes ambientes quando as disciplinas exigiam.

O que favoreceu a participação social

NA GRADUAÇÃO:

- convites para dissertar oralmente ou por escrito acerca da deficiência visual e mostrar a escrita Braille; realização igualitária com os demais colegas; incentivo de um professor para realizar projeto de pesquisa científica voltado à acessibilidade.

NO MESTRADO:

- a disposição da pessoa com deficiência visual de esclarecer do que necessitava, e a solicitação de auxílio de informações para acompanhar o que estava ocorrendo e sendo, por meio da comunicação oral da pessoa com deficiência visual com os colegas e professores videntes.

O que dificultou a aquisição de conhecimento

NA GRADUAÇÃO:

- muita teoria e pouca prática na coordenação atual e desorganização na aplicação da maioria das provas; constrangimento emocional por parte de funcionários da secretaria, professores e coordenação com relação à leitura das provas; resistência dos professores em disponibilizar a avaliação em formato digital; longa espera até o desígnio de um acompanhante para a realização das provas.

NO MESTRADO:

- a ausência de material em Braille sobre os temas específicos, pois o Braille é o principal meio de comunicação da leitura e escrita da pessoa que não vê; a falta de adaptação das tecnologias assistivas que propiciem ao deficiente visual as mesmas condições de que dispõem as pessoas videntes — alguns *softwares* de voz não leem PDF e há impressoras Braille que não imprimem diretamente do PDF; ao passar um livro para o Word há alteração do *layout* e paginação, o que complica a possibilidade de realizar citações corretas. Muitas vezes, há falta de informações dos professores sobre essas características ou limitações da tecnologia assistiva que são deficitárias para o estudante com deficiência visual.

O que dificultou o convívio social

NA GRADUAÇÃO:

- apenas a falta de acessibilidade às dependências da universidade, que dificulta o processo de ir e vir.

NO MESTRADO:

- os indivíduos saberem das características da pessoa com deficiência visual, mas desconsiderarem isso e não se aproximarem dela, por receio de perguntar algo específico; a falta de informação dos professores de como abordar a pessoa com deficiência visual e oferecer de forma adequada informações para que possa acompanhar o que está sendo ensinado e não buscarem caminhos apropriados para propiciar a ela possibilidade de ter acesso ao que está sendo ensinado.

Comentários sobre o aluno com deficiência visual no ensino regular

A retomada desses dados de pesquisas sobre a inclusão do aluno com deficiência visual no ensino fundamental, médio e superior e recortes das entrevistas permite afirmar o que segue.

A viabilização de condições para o aluno com deficiência visual acompanhar estudos na escola regular e estar incluído educacional e socialmente requer aprofundamento referente às bases teóricas e práticas.

A análise e reflexões sobre os dados mostraram que a aceitação do aluno com deficiência visual e a disponibilidade de alguns professores para lidar com esse aluno constituem requisitos necessários, mas não suficientes. Algumas atitudes dos professores revelaram desconhecimento sobre as possibilidades do estudante com deficiência visual em seu ato de aprender, e faltam condições necessárias para a ocorrência de elaboração do que é ensinado para apropriação desse conhecimento. Ilustra esse tipo de atitude dos professores o fazer menos cobranças aos alunos com deficiência visual em relação às que são feitas aos demais alunos. Essa atitude revela que eles não têm consciência de que o aluno fica, dessa forma, com falhas em sua escolarização ao deixar de realizar o que os outros são obrigados a realizar. Isso evidencia despreparo dos professores e uma forma de discriminação que requer esclarecimentos sobre questões teóricas mais básicas.

Os dados apresentados tornaram claro que o estudante com deficiência visual necessita do apoio familiar para acompanhamento dos estudos. Mais especificamente, o universitário vence, em grande parte, por esforço próprio frente às condições que enfrenta e acessibilidade precária. Há ainda muito a ser conquistado e oferecido para que a "Educação para Todos" (1990) seja viabilizada.

PARTE II

Na escola, educadores e educandos

PREÂMBULOS

No dia a dia, desde o nascimento, as percepções vão se fazendo por meio de ações e explorações daquilo que está no ambiente circundante; através de movimentos e interações com o derredor.

A criança cega, por exemplo, vai povoando e preenchendo o ambiente que a cerca com os objetos com os quais teve contato e que têm significado para ela, como o colo da mamãe; o cheiro do suco de laranja; o ladrilho liso do banheiro; o som do passo da irmã quando está no piso da cozinha ou no assoalho do corredor; o fofo do tapete da sala de brinquedos na escola; a areia quentinha no pátio da escola; a diferença de pisar na grama, na terra e no barro; o som da bola de borracha e carrinho metálico que vem em sua direção. Quando são propiciadas condições apropriadas pelos pais, ou outros educadores, para que faça uso dos sentidos de que dispõe, a criança sente-se apoiada afetivamente e confiante para explorar o meio que a circunda. Assim, o receber informações do meio ambiente e das pessoas pelos sentidos de que dispõe é acompanhado pelo sentimento de ser considerada, encorajando-a e ampliando seu interesse em identificar diferenças, usando todos os seus sentidos para explorar os objetos e a natureza. Dessa forma, ela vai desenvolvendo suas habilidades de perceber, de experimentar, de organizar e de ampliar o conhecimento do mundo onde está. Seu interesse por identificar diferenças é também influenciado pela atitude dos educadores — pais ou profissionais — de encorajar a criança a usar todos os seus sentidos para explorar os objetos e a natureza. Atitude que manifesta o privilegiar a criança com suas características próprias em vez de focalizar a deficiência.

Retomar as histórias de pessoas com deficiência — de sua infância, de seu aprendizado, de suas relações, de suas descobertas e de suas dificuldades — é uma forma de tomar contato com suas vidas e refletir sobre as condições para seu desenvolvimento e os caminhos possíveis que as áreas de conhecimento têm a investigar e no que podem contribuir. Apresentar os temas sobre a pessoa com deficiência visual, que compõem os capítulos deste livro, é uma das formas possíveis de compartilhar e convidar o leitor a ter maior contato com a problemática da educação e da inclusão social das pessoas com deficiência visual.

Dispor ou não dispor da visão constituem formações específicas de personalidade, ao considerar-se que é pela percepção humana que os objetos, pessoas e situações ao seu redor são tematizados e poderão, pelo entendimento, ter significado no mundo de um ser humano. Nas interações com outros é que a criança se constitui como ser humano, adquire cultura, valores e conhecimentos em um contexto sócio-histórico. Esse processo de construção de conhecimento transforma gradativamente o homem, à medida que percebe, interpreta e atribui significado às informações que recebe. Informações sobre diferentes caminhos pelos quais as pessoas percebem é uma rica fonte de conhecimento sobre o potencial humano. Os estudos sobre pessoas com deficiência visual são, nesse sentido, de fundamental importância para ampliar a compreensão da questão percepção e conhecimento.

A expectativa com esta publicação, reunindo dados do trabalho de profissionais com anos de experiência junto a pessoas com deficiência e com suas famílias, é de que possa constituir sugestão e modelo, além de contribuir para a educação de pessoas com deficiência visual para sua inclusão social.

4
Cegueira

Introdução

A cegueira, ao criar uma formação peculiar de personalidade, reanima novas fontes, muda as direções normais do funcionamento e, de uma forma criativa e orgânica, refaz e forma o psiquismo da pessoa. Portanto, a cegueira não é somente um defeito, uma debilidade, senão também em certo sentido uma fonte de manifestação das capacidades, uma força. (Por estranho que seja, semelhante a um paradoxo). (Vigotski, 1997, p. 48).

Esse autor voltou-se para o que poderia ser desenvolvido em cada pessoa, o que estava intacto e poderia ser ampliado. Sua afirmação sobre a cegueira ilustra com toda clareza sua compreensão do significado da deficiência e sobre o potencial humano. A diretriz da conduta e dos estudos de Vigotski — médico, psicólogo e educador — no seu "Laboratório de Psicologia para Crianças Deficientes", na década de 1920 em Moscou, privilegiava as características da criança e não sua deficiência.

Sacks (1995, p. 138), referindo-se às características perceptuais de pessoas sem um dos sentidos de distância, afirmou sobre a cegueira: "Nós, com a totalidade dos sentidos, vivemos no espaço e no tempo; os cegos vivem num mundo só de tempo. Porque os cegos constroem seus mundos a partir de sequências táteis, auditivas e olfativas." O mundo de uma pessoa cega é temporal. Há um sistema de adaptação altamente eficiente do organismo, direcionado para a evolução e o desenvolvimento, independentemente dos defeitos e dos males que possam acometer a função cerebral (cf. Sacks, ibid.).

Essas afirmações estão mostrando que o perceber envolve muito mais do que dispor ou não de representações de objetos ao derredor; que o perceber está imbricado na maneira de estar no mundo (no como se sente, no como se organiza o que vai surgindo, o que se conhece e como se age frente a isso e ao dinamismo e transformações no viver cotidiano). Por outro lado, assinala a importância de estar-se atento ao fato de que, para a pessoa com deficiência visual, o significado do olhar se faz pela ausência, isto é, por algo de que ele não dispõe ou é deficiente, por estar num mundo em que o ver é o que predomina. Em outras palavras, a importância da visão não é da sua experiência e se faz pelo convívio com o vidente, cuja comunicação é predominantemente fundada no visual. Neste caso, a identidade da pessoa com deficiência visual é a ausência da visão, em vez de ser a presença dos sentidos da audição, do tato, da cinestesia, do olfato, do paladar. Assim, o não vidente (ou a pessoa com cegueira ou baixa visão) pode transformar-se em objeto, pois a presença do outro (vidente) é tão marcante que o rouba da sua própria.

Retomando resumidamente o que foi dito, pode-se dizer que o perceber do vidente se faz primordialmente pela visão, enquanto o da pessoa cega se faz via sentidos da audição, tato, senso cinestésico, olfato, paladar e resíduo visual, cada um deles através de percursos e organizações próprias que diferem entre si.

Essas diferenças ficam facilmente evidenciadas em situações cotidianas, como a da dispensa da iluminação em sua própria residência, ou outro local qualquer, pela pessoa cega durante à noite, e a necessidade de iluminação, em qualquer lugar à noite, por uma pessoa vidente.

Sacks (1995, p. 153) refere-se às características neurológicas do cego: "o *córtex de* um *adulto cego desde* a *infância, como Virgil, já* se *tornou altamente adaptado* a *percepções organizadas no tempo e não no espaço*". Ochaita (1984, p. 81-104), como pesquisadora na área educacional, reiterou essa afirmação:

> Assim é possível que os que nasceram cegos cheguem a conhecer o espaço projetivo mediante consideração às relações euclidianas ou métricas e que, desse modo, sua compreensão da perspectiva seja de caráter fundamentalmente temporal, tal como afirmava Drumond em 1975.

O enfoque neurológico e o referente a investigações em situações de contexto assinalam a importância de considerar-se as diferenças perceptuais da pessoa com deficiência visual e suas características e especificidades perceptuais e de organização dos dados.

O que ficou exposto pontua a complexidade de conhecimentos requeridos para que se saiba mais sobre as possibilidades e vias diversas de que o ser humano dispõe para entrar em contato, saber sobre o mundo em que se encontra e interagir. São questões que dizem respeito à totalidade de um indivíduo e se referem à sua interação com o que está ao seu redor — pessoas e objetos. Considerando esses dados, como deveria ser a atuação de educadores junto a pessoa com deficiência visual?

Mães, Pais, Família

Mãe: o nascimento de uma filha cega

O nascimento de Lara, minha filha caçula, em 17 de julho de 1978, imprimiu novo rumo à minha vida e tudo mudou completamente. Lara ficou cega em decorrência da retinopatia da prematuridade e tive que desviar o interesse e amor pela geografia, matéria que eu lecionava há mais de vinte anos, pois tinha uma missão muito especial: ajudar minha filha cega a conhecer o mundo, se integrar à sociedade, ser feliz e realizada (Siaulys, 2007, p. 179-80).

Em um relato profundo sobre suas buscas e conhecimentos essa autora, mãe e educadora, resgata a lembrança do momento em que olhou para seu bebê cego e um turbilhão de dúvidas e perguntas surgiu — dúvidas e perguntas que ouviu inúmeras vezes em seu trabalho de educadora junto a grupo de mães, que tem coordenado na Laramara, associação brasileira de apoio ao deficiente visual, da qual é fundadora e presidente: *"O que faço agora? Como poderei me comunicar com ele? Qual a forma de abortá-lo? Como ele irá conhecer o mundo, aprender como as outras crianças, sem enxergar?"*

Comenta ser esse um momento difícil para toda mãe, com o sentimento de impotência frente ao despreparo para ter um bebê diferente daquele imaginado. Resgata a importância do papel da mãe para seu bebê, intensificado com um bebê que não enxerga. Assinala a relevância de a interação ocorrer rapidamente com ele para atender às suas especificidades e propiciar-lhe: o contato e integração com o mundo que o cerca, o desenvolvimento dos sentidos de que dispõe, a atenção à postura corporal, as habilidades de motricidade e locomoção, para adquirir autonomia. A presença da mãe é fundamental para seu desenvolvimento afetivo e emocional, essencial para sentir-se apoiado e com condições de integração social.

Enfatiza a importância premente de iniciar sem demora a busca de informações sobre a cegueira, para ajudar a(o) filha(o) a se desenvolver, seguindo a própria intuição complementada por perguntas a especialistas, leituras, estudos.

> Foi com brincadeiras, conversas, contato corporal e sua participação em tudo o que acontecia ao redor que fomos encontrando um caminho, juntas. Procurava brinquedos e inventava brincadeiras, conversávamos, explicava-lhe tudo o que acontecia na casa (Siaulys, 2007, p. 180-81).

Essa mãe-professora contribuiu, com seu relato pessoal, para que outras mães se sentissem acompanhadas nesse longo caminho que exige muito trabalho e inquebrantável força de vontade de mãe e filha(o). A experiência de nada saber sobre a cegueira exige conhecer e entender um mundo inteiramente novo, em que outros sentidos precisam ser priorizados para o conhecimento do ambiente e aprendizagem. Requer viver uma experiência totalmente diferente da que se possui como vidente e no convívio com outras pessoas que enxergam.

> Acompanhar Lara em seus estudos, adaptar seus materiais, aprender junto com ela a escrita Braille e compreender cada vez mais o seu mundo, foi uma experiência enriquecedora. Durante vários anos fui à escola junto com ela podendo observar e muitas vezes participar das atividades na sala de recursos, o que foi de valor inestimável para mim (Siaulys, 2007, p. 182).

A autora assinalou que a convivência com Lara e com todas as outras crianças cegas foi plena de desafios e aprendizagem. Fez um alerta às mães de que a criança com deficiência visual, talvez mais do que as outras, precisa de interação e brincadeiras e de que necessita de algumas adaptações nos métodos, materiais e brinquedos para que possa se desenvolver, aprender e tenha oportunidade de participar.

> As pessoas com deficiência visual possuem necessidades específicas em relação à interação e comunicação com o meio. Precisam de procedimentos diferenciados no processo ensino-aprendizagem, materiais e recursos específicos para sua educação e inclusão social. Para a satisfação dessas necessidades é necessária a parceria entre a instituição especializada, a instituição educacional (escola regular) e a família, [...] A família, a instituição especializada e a escola devem caminhar juntas, contribuindo para a superação das barreiras e favorecendo a consolidação de uma rede de apoio à inclusão escolar e social (Siaulys, 2007, p.176-77).

A mãe-professora enfatizou a indispensabilidade de conhecer o desenvolvimento da criança deficiente visual e da atenção especializada, do uso de brinquedos e brincadeiras, do diálogo com um outro, que descreve o que ocorre, e de observar como outras mães faziam isso, aprendendo umas com as outras.

> Laramara nasceu em 1991 como uma instituição familiar, fundada por mim e pelo Victor, meu marido, juntamente com um grupo de profissionais com experiência na área da deficiência visual. Surgiu da vontade de uma família de compartilhar com outros pais suas experiências na educação da filha e também do inconformismo pela maneira como a família era excluída nas instituições especializadas. [...] A maior atenção foi dada para que os pais, encontrando todos os recursos disponíveis para a educação de seus filhos, convivessem e trocassem experiências em um ambiente de confiança no potencial de desenvolvimento das crianças [...] valorizou o papel da família na educação, procurando orientá-la, apoiá-la e fortalecê-la [...] (Siaulys, 2007, p. 184-85).

O desafio de orientação à família

Chacon, Defendi e Felippe (2007, p. 150) assinalaram que o desafio de orientação à família — mãe, pai e irmãos — é o de propiciar condições para o enfrentamento de situações do cotidiano na escola e na comunidade de modo geral.

Em termos de desenvolvimento humano, as especificidades da deficiência visual congênita ou adquirida, nos primeiros momentos de vida, geram muitas perspectivas de trabalho com a família do deficiente visual. Desde a notícia do diagnóstico e durante todo o desenvolvimento evolutivo global da criança, se faz necessário o atendimento familiar.

Lembraram os autores que a variedade das reações frente à pessoa com deficiência visual em seu meio familiar e social depende da época da ocorrência da deficiência, da especificidade de ser congênita ou adquirida e das características do desenvolvimento dos membros da família.

O suporte e o atendimento à família são essenciais. É basilar esclarecimentos sobre interferências que a ausência da visão causa e o fornecimento de informações sobre as formas apropriadas para exploração do meio ambiente, requerendo atenção ao desenvolvimento psicomotor, corporal, especificidades da mobilidade no espaço e do tempo requerido e as consequentes condições facilitadoras de aquisições cognitivas.

Na escola é um desafio ter a parceria da família, bem como compreender sua dinâmica no processo educacional da pessoa com deficiência, no intuito de criar expectativas e sentimentos próprios a esse contexto. São necessárias orientações para conhecimento de materiais e métodos específicos, tais como: Braille, sorobã, livro falado, técnicas de orientação e mobilidade, uso da bengala, autocuidados e autonomia.

Na fase da adolescência é fundamental que a família seja orientada a incentivar o diálogo e a comunicação entre pais e filhos sobre as mudanças específicas dessa idade — mudanças físicas e psicológicas, desejo da vivência em grupos —, que são intensificadas pela deficiência visual.

Professores

Na escola regular, o vínculo entre a criança com cegueira e a classe

A entrada na escola é um momento decisivo para a criança. Na escola regular o professor é o elemento fundamental no estabelecimento do vínculo entre a criança com deficiência visual e a classe, a escola, tanto nas relações interpessoais como no processo de aprendizagem.

É natural que o professor, frente ao desconhecimento de ter em sua classe uma criança com cegueira, manifeste seu temor e resistências diante desse desafio educacional e sinta ansiedade.

Frente a essa nova situação, é indispensável uma orientação especializada que forneça informações ao professor dos recursos específicos requeridos por esse aluno: uso do sistema Braille, de materiais como reglete e punção, máquina de datilografia Braille, livro falado. É preciso assessorar o professor e demais profissionais da escola sobre a necessidade de esse aluno fazer um reconhecimento prévio do meio escolar para poder se movimentar com mais segurança. A comunidade escolar, incluindo pais, precisa ao menos indiretamente contar com informações sobre a atualização de tecnologias, em organizações de abrangência mundial e/ou nacional, e a disponibilização de instituições especializadas de atendimento a pessoas que não dispõem da visão.

É importante o professor e a comunidade escolar saberem que é necessário para o desenvolvimento e aprendizagem de uma criança cega, que esta seja responsável por suas ações e que é bastante prejudicial quando alguém assume a responsabilidade pelo que ela deve executar como aluna.

O professor da classe regular assume a responsabilidade pelo trabalho pedagógico e recebe apoio do professor especializado, dos pais e demais profissionais envolvidos para a identificação das necessidades educacionais especiais, a avaliação do processo de desenvolvimento e aprendizagem e o planejamento de metas (MEC/SEESP, 2001, p. 15).

Cabe lembrar o marco da Fundação Dorina Nowill (anteriormente denominada Fundação para o Livro do Cego no Brasil), pioneira na história da educação de pessoas cegas no ensino regular, conforme citado no capítulo 2 da Parte I desta obra.

Nassif (2007), a partir da própria experiência, afirmou que muitas das crianças cegas matriculadas em escolas regulares não recebiam o apoio apropriado, ficando aquém do esperado à sua idade, o que exercia influência negativa em sua autoestima e no seu processo de aprendizagem. Isso mostrava, segundo a autora, que as escolas precisavam passar por mudanças em seu planejamento e avaliação, e os professores necessitam receber conhecimentos específicos para uma atuação segura.

Esclareceu que a equipe profissional da Fundação Dorina Nowill para Cegos (FDNC) oferecia recursos pedagógicos, sociais e psicológicos diferenciados com a finalidade de auxiliar o aluno cego, sua família e sua escola, ilustrando com a descrição de uma experiência de acompanhamento de criança cliente da FDNC em seu processo de escolarização.

M. — menina cega de 5 anos e 8 meses, com diagnóstico de cegueira em razão de retinopatia da prematuridade. Apresentava: visão nula no olho direito; o olho esquerdo com possibilidades de acompanhamento de foco de luz; comprometimento motor do lado direito, negligenciando o uso da mão direita; resíduo visual que a auxiliava na mobilidade. Na FDNC foi atendida no Programa de Intervenção Precoce entre 2 a 4 anos. Foi aceita em uma escola de educação infantil regular, acompanhada pela FDNC, trabalhando junto à família e a escola, passando a participar das atividades escolares. O professor foi o elemento facilitador na inclusão de M., propiciando situações que compartilhasse, sendo a ponte entre a criança com deficiência e os demais alunos da classe, valorizando seus trabalhos e material especial. Todo conteúdo específico foi acompanhado e adaptado pela FDNC com a escola. M. ia acompanhando o conteúdo curricular com interesse e bom desempenho e apresentava sociabilidade adequada.

Nassif (2007, p. 255) delineou sua experiência de quarenta anos na área de trabalho junto à pessoa cega, afirmando sua crença em um aperfeiçoamento do sistema educacional que leve esses educandos a adquirirem autonomia e independência, tornando-os cidadãos participantes e atuantes em seu meio social.

> Participei ativamente de todas as transformações ocorridas. Os educandos, os educadores, as instituições passaram por mudanças para se adequar ao processo de inclusão. Houve demanda considerável no acesso das pessoas com deficiência visual ao Ensino Fundamental e, posteriormente, no final dos anos 1990, o acesso à Educação Infantil e ao Ensino Médio, exigindo mudanças de atitude de toda sociedade, dos órgãos de educação e das instituições, que passaram a ser parceiras nesse processo.

O professor pode, quando necessário, pedir orientação e apoio do professor especializado que está em seu município ou estado, ou dos profissionais de instituições especializadas, que são aptos a preparar materiais específicos, transcrever do Braille para o negrito e vice-versa e, ainda, receber sugestões sobre atividades específicas a serem desenvolvidas visando ao desenvolvimento do aluno com deficiência.

O professor não precisa se preocupar em oferecer atividades diferenciadas para o aluno cego porque este deverá cumprir o currículo da escola como todas as outras crianças. O diferencial está nos recursos a serem utilizados e no procedimento às vezes um pouco mais lento devido aos materiais adequados que tem de utilizar.

O relevante é privilegiar as características da criança e não sua deficiência reiterando o que, já na década de 1920, evidenciava Vigotski (1896-1934) em sua trajetória e obras, ao desenvolver em cada pessoa o que estava intacto e poderia ser ampliado.

5
Baixa visão (visão subnormal)

Introdução

Baixa visão ou visão subnormal podem ser definidas como uma perda grave de visão, que não pode ser corrigida por tratamento clínico ou cirúrgico, nem com óculos convencionais. Também pode ser descrita como qualquer grau de dificuldade visual que cause incapacidade funcional e diminua o desempenho visual (Gasparetto, 2007, p. 36).

É relativamente recente a concepção de que é possível desenvolver a eficiência visual e utilizá-la na escolarização e nas atividades do dia a dia. Tendo como parâmetro a visão, as pessoas foram durante longo tempo classificadas como videntes ou cegas. Não havia distinção entre as pessoas cegas e as que possuíam alguma acuidade visual, denominando-as pessoas com baixa visão.[1] Estas eram tratadas como se fossem cegas: aprendiam o

---

1. A Organização Mundial da Saúde (OMS, 1989) definiu como baixa visão a acuidade visual menor que 6/18 (0,3) e campo visual menor que 20 graus, no olho de melhor visão, com a melhor correção possível.

Braille e pouco ou quase nada se atentava para a utilização do resíduo visual de que dispunham.

Diferentes fatores contribuíram para a crescente atenção à pessoa com baixa visão, com o progresso em diferentes áreas de estudos como os da: 1) oftalmologia, assinalando níveis de acuidade visual e amplitude do campo visual e orientações para prevenção da cegueira; 2) óptica, com o aperfeiçoamento de recursos auxiliares como lentes, lupas e telelupas; 3) neurologia, com esclarecimentos sobre a participação cerebral no ato de ver, resultante da estimulação neural e dos comprometimentos na ausência desta; 4) psicologia e educação, na programação de condições e procedimentos para desenvolver funcionalmente a visão.

O conhecimento crescente em cada uma dessas áreas de estudo, bem como dos seus recursos específicos, oferece atualmente bastante amplitude de informações às questões referentes à baixa visão.

Com base nessas informações, serão retomadas aqui as que convergem para o que se considera a meta principal de trabalho junto à pessoa com visão subnormal: a de ampliar suas condições de desenvolvimento e aprendizagem com vista à sua autonomia pessoal e integração individual e inclusão social. Nesse sentido, a diretriz do atendimento é a de aproximar-se da pessoa com deficiência visual e conhecê-la na sua singularidade, desvelando suas possibilidades, seus limites e os caminhos possíveis para superá-los, levando em conta seus desejos e interesses, suas necessidades de vida, bem como as suas crenças pessoais e familiares sobre a deficiência.

O que se enfatiza é a busca do sentido de vida de cada um, quando se propõem condições para o desenvolvimento de sua eficiência visual. Isto é importante porque, além das diferenças na fase do desenvolvimento em que a baixa visão pode ocorrer, as pessoas reagem à perda de visão de muitas maneiras diferentes, devido à sua personalidade, à sua situação específica de angústias.

Essa forma de conceber o trabalho junto à pessoa com baixa visão é reiterada pela afirmação de alguns profissionais da medicina, como se pode ler a seguir.

> [...] liguei para um amigo oftalmologista, Robert Wasserman [...] Sentíamos que era importante não apenas testar Virgil, mas ver como se comportava na vida em geral [...] era crucial também que o víssemos como uma pessoa, trazendo sua própria história de vida — suas inclinações, necessidades e expectativas particulares [...] que dirigíssemos nossos olhares não apenas para seus olhos e capacidades de percepção, mas para a totalidade do teor e padrão de sua vida (Sacks, 1995, p. 130-31).

Se se está voltado para o processo educacional de uma pessoa com baixa visão para que se alcance sua integração, autonomia e inclusão social, está-se buscando condições para seu desenvolvimento e aprendizagem. Tal perspectiva requer atenção ao que a pessoa com deficiência visual manifesta, bem como à disponibilidade do profissional que a atende para conhecê-la na sua maneira própria de sentir, pensar e agir, para poder avaliar seu potencial global (suas possibilidades, habilidades, interesses, necessidades, limites e dificuldades). É a avaliação da pessoa como um todo, no seu viver cotidiano, que fornecerá dados para uma programação educacional que propicie ao deficiente visual sua integração e autonomia. Por outro lado, a programação educacional necessita ser flexível, para ir se construindo e se refazendo frente às novas avaliações desse aluno no processo educacional enquanto está ocorrendo.

"Quanto mais completa a avaliação mais se terá condições para uma programação que propicie desenvolvimento, aprendizagem e preparo para a integração social" (Masini, 1997, p. 624).

Para tanto, na avaliação e/ou na programação, o profissional que trabalha com esse processo educacional da pessoa com baixa visão necessita de informações das outras áreas afins, tais como da oftalmologia, da psicologia, da neurologia etc., apresentadas a seguir.

A percepção na visão subnormal

A importância de se considerar as especificidades da percepção na visão subnormal é condição inicial para o trabalho com a pessoa com deficiência visual, como ilustram os dados que seguem, referentes às interligações entre o desenvolvimento humano e os órgãos dos sentidos.

Visão e audição: conforme afirma Hyvarinen (1991, p. 11), "O desenvolvimento da orientação auditiva é sempre mais lento nas crianças cegas e com deficiências visuais severas." As observações de crianças têm evidenciado que elas viram a cabeça em direção aos estímulos auditivos, quando estes estão próximos e podem ser vistos. Assim, o domínio da percepção e orientação visual norteia a percepção auditiva.

Visão e motricidade: ainda que a acuidade visual de um recém-nascido seja baixa, mesmo assim ele já esta recebendo estimulação do meio ambiente, levando-o a uma interação crescente. Quando se trata de uma criança com severa deficiência visual, a ausência de estímulo visual retarda também essa interação: a criança fica mais inativa, movimenta-se pouco e, dessa forma, atrasa-se no desenvolvimento motor. Hyvarinen (1991, p. 47) reitera isso ao afirmar:

> A deficiência visual e o desenvolvimento motor interagem muito [...] uma habilidade motora pobre atrasa o desenvolvimento

das funções cognitivas e a criança não aprende a usar ao máximo sua visão.

O que foi dito a respeito da relação visão-audição e visão--desenvolvimento motor assinala que há diferenças entre videntes e deficientes na ativação cerebral, o que é reiterado pela seguinte afirmação:

> O EEG de uma criança severamente deficiente visual e de uma criança cega tem figuras tipicamente anormais, mesmo quando a criança nunca teve e nunca terá sintomas neurológicos. [...] O EEG estava alterado sem ser patológico" (Hyvarinen, 1991, p. 44).

Estimulação visual e desenvolvimento da eficiência visual

Usualmente o olho é descrito como uma câmera fotográfica. Embora correta, essa descrição não está abordando a questão referente ao processo de ver. A visão não depende apenas do olho, mas também da capacidade do cérebro de codificar as informações dos olhos em termos neurais e reconstitui-las em experiências dos objetos circundantes.

O que o olho faz é alimentar o cérebro com informações codificadas em atividades neurais — cadeias de impulsos elétricos — que pelo seu *código* e os *padrões da atividade cerebral representam objetos* (Gregory, 1990, p. 9).

O uso da capacidade visual segue no ser humano as mesmas características de seu desenvolvimento, isto é, evolui da inabilidade e da dependência para o domínio da habilidade e autonomia pessoal e social. Para que ocorra o desenvolvimento da eficiência visual, duas condições precisam estar presentes: o amadurecimento ou desenvolvimento de fatores anatômicos e fisiológicos do olho, vias óticas e córtex cerebral de um lado, e de outro o uso ou utilização dessas funções, ou seja, o exercício de ver.

Desenvolvimento é aqui utilizado para referir-se às transformações nas fases que vão do nascimento à morte, como também as transformações no uso de funções devidas a novas aprendizagens e à aquisição de habilidades. Assim, quando se ouve falar em desenvolvimento da eficiência visual, é importante ter claro a que fase do desenvolvimento humano ela diz respeito. Poderemos pois, *grosso modo*, fazer referência a três fases que definem algumas características específicas comuns ao portador de deficiência visual, bem como a alguns pontos que merecem especial atenção. Dessa forma, teríamos:

A criança na fase da escolarização

O problema da criança com visão subnormal é que há muito pouca coisa que ela pode "captar" casualmente através do seu sentido da visão. Ela necessita que lhe ensinem o processo de discriminação entre as formas, contornos, figuras e símbolos que nunca teriam sido trazidos à sua atenção [...] um complexo sistema de aprendizagem (cf. Barraga, 1977).

O que está sendo enfatizado é que, sem um processo de aprendizagem, a criança não poderá fazer uso de seu resíduo visual.

Como afirma Salomon (2000, p. 14):

> O objetivo educacional no atendimento a crianças portadoras de deficiência visual é promover o pleno desenvolvimento destas, com o uso de todos os recursos que possibilitem sua inserção no mundo social [...].

Isso ocorrerá através de uma programação que propicie seu desenvolvimento, aprendizagem e preparo para integração social, o que requer uma avaliação o mais completa possível, que inclua dados sobre seu nível de funcionamento e adaptação social, como também dados que dizem respeito às suas condições de acompanhar uma programação escolar de classe regular.

Para sua escolarização, algumas perguntas simples, como as que seguem, poderão auxiliar o(a) professor(a) a investigar como a criança usa sua visão, avaliando suas condições e, assim, dispondo de mais informações sobre como atender às suas necessidades:

- Vê para ler?
- Que tamanho de letra pode ler?
- A que ângulo e distância os materiais de leitura devem ser colocados?
- Reage a cores e distingue-as?
- Vê movimentos em uma sala?
- Quais as condições de iluminação para ler? (Genshaft, Dare e O'Malley, 1986).

O desenvolvimento da eficiência visual na criança

O estudo sobre o desenvolvimento do uso da visão numa criança requer investigação e acompanhamento.

A criança passa, basicamente, por um processo de aprendizagem e de organização perceptiva. Esse trabalho educacional com pessoas de baixa visão requer que se esteja atento às suas singularidades e suas manifestações em contato com os objetos — o posicionamento de sua cabeça, a forma de aproximação de seus olhos —, e observar diferenças tanto no que diz respeito às etapas de desenvolvimento da pessoa com baixa visão, como no que diz respeito a seu modo de estar no mundo e seus caminhos perceptuais em uso.

Mães, pais, família

Importância da família na estimulação do desenvolvimento visual

Estudiosos e pesquisadores da área de educação, medicina e psicologia, embora focalizem de diferentes perspectivas a criança com visão subnormal, apresentam concordância de que o desenvolvimento visual é favorecido quando a criança é estimulada pela família e possui boa interação socioafetiva com ela.

Lindstedt (2000), oftalmologista, sugere que a conduta dos pais com uma criança com visão subnormal seja a de manter as atividades diárias e os jogos sempre em nível um pouco mais elevado que o nível visual da criança, incentivando o sucesso, para que as tarefas mais difíceis que incorressem em falhas não repercutissem nela negativamente. A atitude é de que o uso da visão seja divertido, ao ser processado dentro dos limites e potencialidades da criança. Para isso, é necessário o conhecimento das características visuais da criança. O objetivo é fazer com que ela seja capaz de manipular o seu próprio mundo por meio dos próprios recursos, estimulando a aquisição de experiências para melhorar seu desenvolvimento.

Conforme Ormelezi (2007), psicóloga, os educadores — pais e professores — ainda precisam saber que o lugar da baixa visão na sociedade não é bem definido. As pessoas com essa deficiência convivem com um sentimento de ambivalência entre o ver e o não ver — lidam com a oscilação de um sofrimento psíquico de angústia e medo provocados pela fantasia da evolução da deficiência para a cegueira e o alívio de não ser cego e poder contar com a visão, embora deficitária. É necessário que os educadores saibam como a perda e a privação afetam a criança com essa deficiência na sua dimensão de ser social e psicológico, e o impacto vivido pela deficiência quando adquirida, súbita ou progressivamente, ou congênita.

Importância de os pais proporcionarem explorações e vivências

Corsi (2007), pedagoga, assinala a importância de os pais proporcionarem explorações e vivências para o desenvolvimento de relações com pessoas, objetos e conhecimentos. O desconhecimento sobre a visão subnormal pode levar os pais a cercear a criança de interagir e relacionar-se com o meio, tendo como consequências: experiências pobres, medo de enfrentar desafios, afastando-se das situações. A família está ansiosa e aguarda resposta às suas indagações. É relevante que a família seja informada das reais dificuldades da criança, para que esteja envolvida em cada fase de desenvolvimento e possa participar das conquistas dela, propiciando que esta se sinta mais segura e desenvolva autoimagem positiva. É importante que os pais recebam os conhecimentos necessários para compreender as características da(o) própria(o) filha(o) e sobre as condições que propiciem à criança exploração das sensações, odores, calor do sol, diferentes sons e ruídos de diferentes objetos.

Os depoimentos de algumas pessoas sobre a própria experiência com a baixa visão contribuem para compreender a importância das atitudes da família para o desenvolvimento da criança com visão subnormal.

Sá (2002, p. 27) relatou que seus pais mal sabiam ler e escrever e não receberam nenhuma orientação especial, nem informações sobre a causa e a evolução da deficiência de cinco de seus oito filhos. Enfatizou a autora que o comprometimento da visão não a impedia, nem aos outros irmãos com deficiência, de andar, correr, brincar e desempenhar outras atividades de forma independente. Reiterou a importância da liberdade para atuar no meio em que se encontra ao afirmar: "Em casa, não fomos poupados e todos eram tratados da mesma forma, seja para brincar, ou trabalhar, independentemente de enxergar mais ou menos."

As dificuldades da pessoa com baixa visão podem, também, contribuir para que os pais tenham maior clareza sobre a deficiência e a compreensão da problemática da criança com baixa visão.

> Não conseguia distinguir pessoas e objetos a certa distância, o que costumava ser erroneamente interpretado, causando inseguranças e constrangimentos. Esses fatores produziam uma ambiguidade entre ver e não ver e, assim, oscilávamos entre ser e não ser cegos. A nossa percepção visual era sutil, fugidia, nebulosa, um enigma a ser decifrado (Sá, 2007, p. 28).

Professores

Necessidade de conhecerem as características visuais do aluno

É indispensável ressaltar a necessidade do conhecimento do professor das caraterísticas visuais do aluno com visão subnormal, para que ele possa propiciar condições educacionais apropriadas para o desenvolvimento afetivo, social e intelectual desse aluno. Este pode beneficiar-se de adaptações diversas, para bom uso do resíduo visual de que dispõe para sua aprendizagem e para cumprir o exigido pela escola.

A avaliação de um oftalmologista juntamente com o apoio de um(a) professor(a) especializado(a) poderão fornecer ao docente da sala regular informações sobre recursos apropriados para cada aluno com visão subnormal. Quanto mais completa a avaliação, melhores as condições para uma programação que favoreça o desenvolvimento, a aprendizagem e a inclusão do aluno.

O professor, em sala de aula, precisa propor situações educativas adequadas para atender às necessidades acadêmicas de um aluno com baixa visão de acordo com suas características individuais. É indispensável para isso que possa observar e avaliar o aluno de forma sistemática: 1) como este utiliza o resíduo visual de que dispõe, e seu funcionamento visual na utilização de recursos ópticos (óculos, lentes amplificadoras, telelupa) e não ópticos (iluminação apropriada e localização adequada para visualizar o quadro-negro); 2) como posiciona sua cabeça para olhar e a aproximação dos olhos do caderno ou texto a ser lido; 3) a postura do aluno no momento da escrita e leitura; 4) a posição da carteira e se levanta para copiar o que está no quadro-negro; 5) o esforço despendido para ler e a manifestação de dificuldades nas atividades em classe.

Material escolar — recurso importante para o professor

O material escolar é um recurso importante para o professor saber sobre as possibilidades e dificuldades do aluno com visão subnormal. Conforme sugerem Gasparetto e Nobre (2007), pelos cadernos pode-se pesquisar se o aluno apresenta dificuldades para discriminar as pautas e se consegue manter-se na linha para escrever e copiar corretamente o texto da lousa; na leitura do material impresso, verificar se pode discriminar as letras em contraste com o fundo, bem como nas gravuras ou nas fotografias a figura do fundo.

Solér, Plazza e Ezequiél (2007) fazem referência à importância de recursos não ópticos, entre os quais se destacam: ampliação de caracteres e de imagens por meio da aproximação física ou do aumento real do objeto, controle de iluminação, controle de contraste, auxílios para postura e posicionamento, auxílios para escrita e auxílios eletrônicos; e a indicação adequada de diferentes recursos *não* ópticos, considerando com atenção os diversos momentos do aluno durante as aulas, seja na escrita do caderno, na cópia da lousa, na leitura de textos e de livros.

Autoridades em educação de alunos com deficiência visual e resultados de pesquisa (cf. Gasparetto, 2001) têm assinalado que o conhecimento pedagógico do professor para atuar junto ao aluno com visão subnormal é precário e envolve diversos elementos implicados na ação educacional.

> [...] os educadores, além de estarem preocupados com a aprendizagem do aluno com baixa visão, reconhecem o impacto e a dimensão da atual política educacional e a exigência de novos conhecimentos e habilidades para atuarem junto a tais alunos da melhor forma possível pois, para a efetiva educação destes, é extremamente importante que sejam consideradas as especificidades da deficiência (Gasparetto, 2007, p. 48).

Faixa etária e nível de escolarização para orientação do professor

Professores especializados têm apontado a importância de considerar a faixa etária e o nível de escolarização na orientação ao professor que tem em sua sala regular aluno com visão subnormal para atendimento às suas necessidades específicas. Solér,

Plazza e Ezequiél (2007, p. 80-1) elencaram os itens que seguem para o planejamento do professor especializado no atendimento aos professores de sala regular, a serem indicados segundo as necessidades de cada aluno.

Para educação infantil

- utilizar livros de histórias com letras grandes e contrastantes;
- ampliar nomes, frases e textos;
- utilizar jogos coloridos, com letras e/ou números ampliados;
- utilizar brinquedos coloridos, contrastantes, atraentes visualmente, que despertem o interesse visual do aluno;
- observar a qualidade de iluminação natural e artificial, pois os auxílios para controle de iluminação diminuem o desconforto visual, aumentam o contraste e melhoram a resolução visual;
- indicar o melhor tipo de iluminação artificial;
- indicar o melhor posicionamento da mesinha onde aluno senta, considerando a iluminação natural e, se necessário, indicar o uso de cortina na janela;
- orientar o uso de viseiras ou bonés visando à diminuição da luz refletida;
- indicar prancha de plano inclinado para melhorar a postura e posicionamento do aluno ao desenhar, pintar, escrever;
- indicar a pauta ampliada em folhas e cadernos;
- utilizar lápis que propiciem maior contraste com as folhas do caderno como, por exemplo: lápis tipo 6B, 4B, 3B, lápis coloridos;
- indicar livros falados;

- orientar sobre as diversas opções de uso do circuito fechado de televisão, CCTV, para ampliação de imagem, lembrando de propor que em alguns momentos todos os alunos tenham acesso;
- nas aulas de informática, orientar a melhor localização do monitor, que deve ficar próximo à visão do aluno, e uso de *softwares* para ampliação de caracteres e recursos audíveis;
- orientar o professor da classe regular para que esteja atento, nos diferentes momentos das aulas, para que o aluno com visão subnormal esteja próximo visualmente, como, por exemplo: colocar a mesinha próxima do professor ou da lousa (quando utilizada); no momento das histórias, cuidar para que o aluno fique próximo visualmente dos desenhos mostrados; nas apresentações de teatro ou vídeo é importante que fique sempre na primeira fileira etc.;
- quando há o uso de lousa, observar sua cor e do giz, verificar o tamanho da letra da professora;
- usar, na hora do lanche, utensílios coloridos (canecas com cores fortes, jogo americano etc.)

Para o ensino fundamental (1ª a 4ª séries)

- utilizar livros com letras ampliadas;
- ampliar os textos, avaliações, mapas, tabelas, gráficos, jogos e figuras de acordo com a necessidade visual do aluno;
- indicar o melhor tamanho, tipo de letra e espaçamento entre linhas e palavras;

- observar a qualidade de iluminação natural e artificial, pois os auxílios para controle de iluminação diminuem o desconforto visual, aumentam o contraste e melhoram a resolução visual;
- indicar o melhor tipo de iluminação artificial;
- sugerir o uso da prancha de plano inclinado quando o aluno com baixa visão necessita de uma grande aproximação do texto a ser escrito ou lido. O uso deste plano auxilia na melhor postura e posicionamento do aluno, uma vez que permite manter o material num ângulo de 45 graus em relação à mesa;
- sugerir o melhor posicionamento da carteira do aluno, considerando fatores como proximidade da lousa e iluminação;
- indicar a pauta ampliada mais adequada, considerando os diferentes tipos de pautas que variam quanto ao espaçamento, espessura e intensidade de cor;
- utilizar auxílios para escrita que propiciem melhor conforto visual: lápis com grafite mais espesso (tipo 3B, 4B, 6B), canetas hidrográficas de cor escura, guias para escrita;
- orientar quanto à cor da lousa, do giz e tamanho de letra;
- em textos mais longos, orientar o uso do ditado; nas séries iniciais sugerir o ditado feito pelo próprio professor e, nas séries mais avançadas, o ditado pode ser feito pelo colega da classe (pode-se sugerir o revezamento entre os colegas para a realização dos ditados);
- orientar sobre as diversas opções de uso da lupa eletrônica, do circuito fechado de televisão (CCTV) para ampliação de imagem, lembrando de propor alguns momentos em que todos os alunos tenham acesso;

- nas aulas de informática, orientar a melhor localização do monitor, que deve ficar próximo à visão do aluno, e uso de *softwares* para ampliação de caracteres;
- sugerir para a biblioteca: relação de livros com letras maiores e contrastantes, livros falados, disponibilidade de lupa eletrônica ou CCTV;
- nas aulas de informática, orientar a melhor localização do monitor, que deve ficar próximo à visão do aluno, e uso de *softwares* para ampliação de caracteres e recursos audíveis;
- orientar o aluno quanto à organização de seus materiais, a fim de facilitar as suas tarefas escolares.

Para o ensino fundamental (5ª a 8ª série) e ensino médio

- considerar a maior autonomia e independência do aluno e realizar trocas e combinados com os professores e com o próprio aluno sobre as suas necessidades específicas, e quais serão as adaptações a serem utilizadas ou não;
- observar a necessidade de ampliações em livros, textos, avaliações, mapas, gráficos e tabelas indicando o melhor tamanho, tipo de letra e espaçamento entre linhas e palavras;
- observar a qualidade de iluminação natural e indicar o melhor tipo de iluminação artificial, estando atento principalmente ao ensino noturno;
- sugerir o uso da prancha de plano inclinado quando o aluno com visão subnormal necessita de uma grande aproximação do texto a ser escrito ou lido, visando a um melhor conforto postural;

- sugerir o melhor posicionamento da carteira do aluno, considerando fatores como proximidade da lousa e iluminação;
- sugerir o uso do tiposcópio (guia para leitura, confeccionado num cartão ou material plástico pretos, com uma fenda com altura para duas linhas do texto a ser lido) com o objetivo de diminuir a luz refletida sobre o papel branco, aumentar o contraste da linha a ser lida, facilitar a localização e o seguimento visual;
- orientar o uso do acetato amarelo disposto sobre o texto visando à redução da luz refletida no papel e ao aumento do contraste;
- indicar, se necessária, a pauta ampliada mais adequada e orientar o uso da pauta ampliada com furos na lateral aos alunos que preferem utilizar o fichário no lugar do caderno;
- utilizar auxílios para escrita que propiciem melhor conforto visual: lápis com grafite mais espesso (tipo 3B, 4B, 6B), canetas hidrográficas de cor escura, guias para escrita;
- orientar quanto à cor da lousa, do giz e tamanho de letra;
- em textos mais longos, orientar o uso do ditado, feito pelo colega da classe;
- orientar sobre as diversas opções de uso da lupa eletrônica, do circuito fechado de televisão (CCTV) para ampliação de imagem;
- nas aulas de informática, orientar a melhor localização do monitor, que deve ficar próximo à visão do aluno, e uso de *softwares* para ampliação de caracteres;
- sugerir para a biblioteca: relação de livros com letras maiores e contrastantes, livros falados, disponibilidade de lupa eletrônica ou CCTV.

• Essas autoras enfatizam que as condições para que o aluno com visão subnormal desenvolva sua potencialidade nos vários aspectos depende de um trabalho em parceria com a equipe da escola, a família e o professor da classe comum, propiciando ambiente acolhedor e situações apropriadas.

Relevante lidar com preconceitos e a não aceitação da deficiência

Entre os itens que requerem atenção de um professor junto ao aluno com visão subnormal, destacam-se a necessidade de oferecer condições para quebra de preconceitos e a falta de aceitação da deficiência, quer pelo próprio aluno com visão subnormal, quer pelos alunos sem a deficiência visual. Os depoimentos apresentados por Ormelezi, Corsi, Gasparetto (2007, p. 64-5) de alunos com visão subnormal ilustram o que ficou dito e indicam desconhecimento dos benefícios dos recursos ópticos para o desenvolvimento, participação social, aprendizagem e aceitação da deficiência, conforme segue.

[...] Não uso óculos porque os meninos me chamam de 'Quatro Olho' e não gosto. Fico chateada. Também não gosto daquele caderno de linha grande. Queria um caderno igual de todo mundo, não queria ser diferente. Não queria enxergar assim porque ninguém gosta de mim. (A., 13 anos)
[...] Não uso a telelupa. Não quero que ninguém me veja assim... Pra ter pena e me achar coitado? Sou muito vaidoso... Até lá na capoeira, não sei se percebem, né? Até minha namorada só foi perceber depois de meses. A gente tava em casa com minha mãe e sempre lemos a Bíblia. Nesse dia ela pediu pra eu ler e então... (R., 17 anos)

O trabalho educacional com o escolar que apresenta visão subnormal requer do professor que se detenha e busque clareza na definição que adotará em sua proposta de atendimento ao aluno com visão subnormal e quais as implicações de sua definição no seu atendimento. O intercâmbio com o(a) professor(a) especializado(a) e com o oftalmologista irá auxiliar o professor no processo educacional desse aluno, desde que ele entenda as implicações da visão subnormal e as necessidades específicas de seu aluno decorrentes de suas características visuais.

Abordagem psicopedagógica junto ao aluno com visão subnormal

Salomon (2007, p. 94) introduziu a perspectiva de um trabalho junto ao aluno com visão subnormal, numa abordagem psicopedagógica.

> Nessa abordagem, a situação de aprendizagem é vista como um processo pessoal de construção do conhecimento, onde estão envolvidos o sujeito que aprende e o que ensina, num enfoque intersubjetivo, ou seja, os dois se desvendando na relação que se desenvolve, constituindo-se, enquanto caminhos de ação e atuação de cada um. A aprendizagem, enquanto processo, transcorre na complexidade da dinâmica das relações que se desenvolvem: dois sujeitos que interagem, com suas disponibilidades orgânicas, corporais, afetivas, intelectuais, que se desvendam e se constituem reciprocamente. Ambos interagem de maneira global e é em grande parte pelo diálogo destas totalidades que o professor influencia o aluno e o aluno influencia o professor.

Enfatiza essa autora que a ação de ensinar deverá ser consoante com a dinâmica do aluno com quem se está interagindo, de forma que este se aproprie do objeto de conhecimento na inter-relação que se estabelece, no respeito à organização global do sujeito que aprende.

Nesse enfoque do processo de aprendizagem — que não se reduz ao aspecto racional do ser humano, nem se pauta na exclusiva produção de resultados, os métodos e as técnicas de trabalho têm uma posição secundária em relação à atitude do profissional na relação com o indivíduo ao acompanhar o seu processo de aprendizagem. Assim é porque a relação que se estabelece num processo de aprendizagem vai depender em larga medida do que o profissional é, do seu potencial de conhecimento efetivamente construído (e não meramente arrolado e normatizado), de seu grau de maturidade afetiva, das suas reações ao comportamento consciente e inconsciente do outro (Salomon, 2007, p. 94).

A originalidade da afirmação dessa educadora está em focalizar o conhecimento requerido desse professor-educador para seu ensinar, na perspectiva de oferecer condições para o aluno construir o próprio conhecimento. Frisa a autora que para o professor acompanhar o aluno e compreender o que se passa nessa situação é indispensável o conhecimento de si próprio, de sua sensibilidade junto ao outro.

O educador, muitas vezes, sendo fruto de um sistema de ensino que não possibilitou sua ação mais reflexiva, passa por processos de formação de uma nova postura enquanto educador [...] Fala-se de um processo que contempla uma postura ativa frente à aprendizagem, fala-se na necessidade de uma abertura para a análise e entendimento do processo de aprendizagem, com ênfase na pluralidade e complexidade dos aspectos presentes em sua concepção, das múltiplas linguagens que a ação educativa deve utilizar. O complexo... o múltiplo... o criativo... mas, e o professor que está "entendendo" estas colocações e abordagens, estará conseguindo "incorporá-las"? [...] Ele tem condições de efetivar estas aprendizagens a respeito dos processos de aprendizagem e conduzir sua ação educacional de forma a contemplar estes novos referenciais? (Salomon, 2008, p. 166).

Reitera essa educadora que a incorporação de novos referenciais para a ação educacional necessariamente deve passar por um trabalho diferenciado, no qual o educador reveja sua trajetória de vida escolar, reflita sobre os modelos que traz em si, vivencie as linguagens que ele almeja utilizar com seus alunos, construa seus recursos pessoais e instrumentos para a atuação profissional, enfatizando:

> Mesmo as escolas com posturas menos tradicionais, têm, muitas vezes, dificuldades em contemplar um trabalho que acolha outras necessidades no processo de aprender, que contemple o aluno com necessidades educacionais especiais, que consiga a valorização do aprender como algo pleno e fonte de prazer. [...] O professor deve ressignificar sua prática. Para isto, precisa também ser atendido em suas necessidades: trabalhar sua identidade, rever seu processo, vivenciar outras linguagens e processos de ensino-aprendizagem, para que os possa aplicar em seu cotidiano (Salomon, 2008, p. 167-8).

Histórias infantis: recursos significativos potencializando a aprendizagem

Voivodic (2008, p.186) enfatiza que as histórias infantis são caminhos de descoberta e compreensão do mundo e podem ser usadas como um recurso significativo e valioso, potencializando a aprendizagem.

> Nas escolas, nem sempre são considerados os interesses e as necessidades infantis. Não tem sido criado na sala de aula um ambiente facilitador e estimulante para a aprendizagem. A imaginação é abordada como algo que distrai a criança da aula, e as atividades expressivas e de histórias são desvinculadas das atividades escolares, deixadas para momentos de lazer e para as aulas de artes.

Esta autora relata que, em sua experiência ao ministrar cursos para educadores da rede pública, tem percebido que os professores carecem de orientações sobre como se processa a aprendizagem, levando em conta as diferenças individuais nesse processo, os problemas que intervêm e as formas para superá-los. Os professores trazem, também, questões sobre a falta de condições e sobre a carência de recursos que possam auxiliar a aprendizagem, tais como jogos e outros materiais facilitadores. Com uma proposta para lidar com essa lacuna, os educadores têm explorado as inúmeras possibilidades de trabalho com as histórias infantis no contexto educacional, como recurso facilitador da aprendizagem. A partir da motivação da história, é possível criar diversas possibilidades que facilitem o processo de aprendizagem; são caminhos de descoberta e compreensão do mundo de acordo com o entendimento da criança. Voivodic (2008) chama atenção para o fato de que nas escolas brasileiras, muitas vezes, as histórias infantis não fazem parte das atividades escolares e, quando fazem, são usadas de forma bastante inadequada, perdendo-se, assim, um recurso valioso de aprendizagem.

A autora frente aos dados coletados concluiu que as queixas sobre alunos que não aprendem permitiram uma reflexão sobre as leituras que professores fazem dos problemas de aprendizagem: seus conhecimentos, conceitos e pré-conceitos e pouco conhecimento sobre as características desse aluno.

Ormelezi (2008, p. 109-10) focalizou a problemática dos professores sob outra perspectiva ao ouvi-los sobre queixas dos alunos que não aprendem, e refletiu sobre possibilidades de transformação do cotidiano escolar a partir da análise das práticas e relações estabelecidas no espaço educacional do ensino-aprendizagem. Por meio de dados de uma oficina realizada com professores, levantou pontos que identificaram:

que ele fala do lugar do desamparo, da exclusão social, do representante da cultura dominante em alguns casos, ou da cultura dominada em outros. Fala do lugar da desmotivação, da solidão, da queixa e daquele que perdeu a identidade de saber. Assim, traz a queixa, mas não a compreende em um cenário mais amplo. Daquele que situa o problema do não aprender apenas no aluno e em sua estrutura familiar. Daquele que precisa da mediação de um terceiro para construção de uma nova identidade para uma nova escola.

A autora diante dos dados coletados concluiu que as queixas sobre alunos que não aprendem permitiram uma reflexão sobre as leituras que professores fazem dos problemas de aprendizagem: seus conhecimentos, conceitos e pré-conceitos e desconhecimento sobre as características de seu aluno.

O professor frente ao paradigma "Educação para Todos"

Scattone (2008) retomou a problemática do professor frente ao paradigma "Educação para Todos", compreendido como o acesso de todo cidadão ao sistema educacional, que tem o seu fundamento na legislação brasileira. O acesso igualitário a todos os espaços da vida como um direito universal do ser humano, isto é, a construção de um sistema educacional inclusivo que requer um compromisso de toda a sociedade.

Assinalou a Política Nacional de Educação Especial e o atendimento às necessidades educacionais especiais direcionadas aos educandos que apresentam "significativas diferenças físicas, sensórias ou intelectuais decorrentes de fatores inatos ou adquiridos, de caráter temporário ou permanente" (MEC/SEESP, 2001, p. 22).

Retomou pressuposto de um sistema educacional inclusivo, no qual educandos com necessidades educacionais especiais sejam acolhidos nas escolas, e a contribuição da informática para a educação inclusiva dos educandos que podem ser favorecidos com a tecnologia adaptada: aqueles que apresentam deficiência visual, auditiva, motora, mental ou múltipla e distúrbios de conduta.

Expôs recursos tecnológicos apropriados a cada aluno com sua específica necessidade e mostrou diversos instrumentos e possibilidades para favorecer o acesso à educação.

Essa educadora enfatizou ser fundamental que as tecnologias adaptadas sejam incorporadas para que os professores possam ser preparados para delas fazerem uso, diminuindo a distância entre o possível e o inacessível, com a viabilização da "Educação para Todos".

Considerações finais

A intenção deste livro foi a de apresentar relatos, informações, dados históricos e recortes de algumas pesquisas sobre alunos com deficiência visual, na realidade brasileira.

Em linhas gerais, o que se tentou foi: 1) apresentar dados de experiências, de investigações e subsídios teóricos sobre as pessoas que utilizam vias perceptuais diferentes das usuais — depoimentos de profissionais de diferentes áreas e recortes de dados registrados, sistematizados e analisados de pesquisas junto a pessoas com deficiência visual; 2) enfatizar que esse conhecimento solidificado e disseminado estabelece mais um sistema de apoio para trabalhos com seres humanos.

Nesta publicação, aparecem questionamentos de educadores — mães, pais e professores — e perguntas que os têm acompanhado no cotidiano: Como a escola irá lidar com meu filho com visão subnormal e entender que, apesar de seus olhos serem perfeitos, ele quase nada enxerga? Que recursos posso utilizar para ensinar a localização da Amazônia para minha aluna cega? Enquanto expus o que era largura e comprimento não houve problema, quando fui explicar horizonte, Luiz — o aluno cego — começou a dizer que já não estava entendendo e eu não soube como explicitar.

Essas manifestações, que ocorrem no dia a dia, bem como os dados de pesquisas sobre desenvolvimento, aprendizagem, inclusão social do aluno com deficiência visual — na escolarização no Brasil, predominantemente em São Paulo —, definiram o campo de preocupação referente à educação e à participação social da pessoa com deficiência visual focalizada nesta obra. Desvelaram, no entanto, uma abrangência universal, implicando questões mais amplas referentes a modos diferentes de o ser humano perceber e relacionar-se no mundo onde se situa, imbricadas no conteúdo deste livro.

A Parte I focaliza as descobertas do perceber quando não se dispõe do sentido da visão. Composta de três capítulos a intenção foi: 1º) apresentar fundamentos do perceber quando não se dispõe de um dos sentidos de distância — a visão — e o uso das vias perceptuais disponíveis; 2º) resgatar as experiências na vida de pessoas cegas de três Estados do Brasil, ilustrando trajetórias construídas a favor das pessoas com deficiência visual, ilustrando suas possibilidades, considerando suas especificidades, sem ignorar seus limites; 3º) delinear a educação de quem não dispõe da visão, por meio de um breve histórico, assinalando etapas de diferentes propostas da segregação à inclusão; recortes de pesquisas sobre inclusão; dados sobre reflexo da educação na participação social; entrevistas sobre o que facilitou e o que dificultou o aprender e a participação social de alunas cegas, na graduação e no mestrado.

A Parte II, preliminarmente, retoma os educadores (mãe e pai) e as condições para a criança cega ir povoando e preenchendo o ambiente que a cerca com os objetos com os quais teve contato em diferentes situações do cotidiano, com a intenção de evidenciar que: permitir condições apropriadas — pelos pais ou outros educadores — para a criança com deficiência visual usar os sentidos de que dispõe faz com que ela se sinta apoiada afetivamente e confiante para explorar o meio que a circunda. Assim, o receber informações do meio ambiente e das pessoas considerando suas vias perceptuais é acompanhado pelo sentimento de ser considerada, encorajando-a e ampliando seu interesse em identificar diferenças, usando todos os seus sentidos para explorar os objetos e a natureza. Dessa forma, ela vai desenvolvendo suas habilidades de perceber, de experimentar, de organizar e de ampliar o conhecimento do mundo onde está. Seu interesse por identificar diferenças é também influenciado pela atitude dos educadores — pais ou profissionais — de encorajar a criança a usar todos os seus sentidos para explorar os objetos e a natureza. Atitude que manifesta o privilegiar a criança com suas características próprias em vez de focalizar a deficiência. Explicita as características da cegueira e da visão subnormal e as informações necessárias para a ação de mães, pais e professores junto ao aluno com deficiência visual.

A decisão de retomar histórias de pessoas com deficiência visual — de sua infância, de seu aprendizado, de suas relações, de suas descobertas e de suas dificuldades — foi feita por considerar: 1) um início para compartilhar suas vidas; 2) uma forma de propiciar ao leitor contato com as condições para o desenvolvimento da pessoa com deficiência visual e os caminhos possíveis que as áreas de conhecimento têm a investigar e no que podem contribuir.

Esta obra traz, assim, implícita algumas convicções: a de que penetrar no mundo percebido pela pessoa deficiente visual é tão difícil como fazê-la perceber o mundo como o fazem aqueles que não apresentam deficiências; a de que, apesar disso, há possibilidade de diálogo e de um mútuo aprender; a de que, ao buscar os sentidos de pessoas com deficiência sensorial, é necessário cuidar para não ficar na impressão fugidia de um aspecto efêmero, o que constituiria um movimento de evasão ao desafio;

a de enfatizar o perceber, o expressar e buscar recursos para que a pessoa com deficiência visual seja capaz de expressar-se como uma das vias que levam ao conhecimento da realidade; a de que tocar alguém, ver alguém, não é apreendê-lo como um objeto, é estar aberto para alguém destinado a ser ele próprio.

Teoricamente concorda-se, de modo geral, com esses itens de convicção. No entanto, pesquisas (Passos, 2010; Moraes, 2007; Masini, 2004) têm evidenciado que dados da educação da pessoa com deficiência visual não são concordantes com essas convicções.

Faz sentido perguntar aos pesquisadores que apresentaram dados sobre dificuldades e atrasos no desenvolvimento de crianças com deficiência visual (Wills, 1970; Amiralian, 1994; Swalon, 1976) se se esteve atento ao fato de que a importância da visão é da experiência do vidente e se faz pelo convívio com ele, e se o ponto de partida foi o de considerar o que há de semelhante entre um ser humano e outro e, posteriormente, voltar-se para a característica de alguém que não dispõe da visão.

Cabe, pois, assinalar que se a pessoa com deficiência visual é apresentada, pesquisada e descrita pela percepção unidimensional da visão, ela permanece oculta — não se sabe de sua identidade, características e especificidades do seu perceber e situar-se no mundo. O que se obtém é uma comparação da pessoa com deficiência visual, a partir de um referencial da pessoa vidente.

A obra de um artista, apresentada a seguir, poderá servir de inspiração para que cada leitor penetre na história de Wells (1954), *The country of the blind and other stories*, na qual o "sem visão" aparece e revela outra maneira de perceber e estar no mundo. Wells relata a história de Nunez, um camponês que, em uma escalada perigosa, ao separar-se de seus companheiros de caravana, caiu de uma montanha e descobriu o Vale dos Cegos.

Lembrando-se do dito popular: "Em terra de cego quem tem um olho é rei", aspirou a governar o Vale. Descobriu, porém, que isso não era tão fácil quanto ele esperava e que sua visão não era sempre uma vantagem.

Quando foi encontrado por três homens do Vale, eles tentaram descobrir quem era aquela estranha criatura.

Vamos levá-lo para os mais velhos, disse Pedro.

Grite primeiro, disse Correa, *senão poderemos assustar as crianças.*

Assim eles gritaram, e Pedro foi na frente e pegou Nunez pela mão para guiá-lo para as casas.

Ele puxou sua mão: *Eu posso ver,* disse.

Ver? Disse Correa.

Sim ver, disse Nunez, virando-se em relação a ele e tropeçando.

Seus sentidos são ainda imperfeitos, disse o terceiro cego. *Ele tropeça e diz palavras sem sentido, guie-o pela mão.*

Como você quiser, disse Nunez e deixou-se guiar, rindo.

Parecia que eles nada sabiam de visão.

Nunez começou a perceber que muito da imaginação dos cegos havia desaparecido e eles haviam feito para si um novo mundo onde predominava a sensibilidade do ouvido e do tato. Lentamente, Nunez percebeu que estava errado em esperar que as pessoas ficassem impressionadas com a sua origem e habilidades. Eles pensavam que ele fosse um novo ser e eram incapazes de entender suas sensações. E assim, após entender que não aceitariam suas explanações sobre a visão, ele tornou-se quieto e começou a ouvir o que tinham para lhe dizer.

...E chegou o dia em que Nunez apaixonou-se por Medina e queria casar-se com ela. O pai, Yacobs, solicitou uma reunião dos mais velhos para decidirem o que fazer. Eles estranhavam muito as falas e o comportamento de Nunez. Após um tempo de discussão, o velho Yacobs comentou: *Algum dia ele estará tão são quanto nós.* A vontade de curá-lo de suas peculiaridades permanecia.

Após algum tempo, um dos mais velhos, o grande médico entre eles, expôs sua ideia criativa:

Eu examinei Bogotá (como eles o chamavam) *e o caso é claro para mim,* disse. *Penso que muito provavelmente ele deverá ficar curado.*

Isso é o que sempre desejei, disse o velho Yacobs.

Sua mente está afetada, disse o doutor cego.

Os mais velhos concordaram, murmurando *Bem o que o afeta?*

Ahm? disse o velho Yacobs.

Isto, disse o doutor respondendo à pergunta. *Essas coisas esquisitas chamadas olhos — e que existem para fazer uma agradável depressão na face — estão doentes. Isto está afetando sua mente. Seus olhos são muito grandes e seus cílios e pálpebras movem-se. Assim sua mente está sendo prejudicada.*

É, disse o velho Yacobs. *É isso.*

E eu penso que para curá-lo completamente, nós precisamos fazer uma operação fácil — para remover os olhos.

E então ele ficará são?

Sim, ele ficará perfeitamente são, e se tornará um excelente cidadão.

Graças a Deus pela ciência, disse o velho Yacobs, e foi contar a Nunez suas pretensões.

No Vale, é a fala do cego que constitui maioria: é ela que passa a ser ouvida por Nunez, quando este descobre que a sua a nada leva. Assim, outra maneira de perceber o mundo aparece...

e com ela conceitos, valores e crenças se impõem..., em nome da ciência.

No mundo dos videntes, como não poderia deixar de ser, a fala que se impõe é a sua. Seria absurdo negar este fato. Antes, é necessário considerá-la para que se identifiquem os conceitos, valores, definições do senso comum, ditados pelo sentido da visão, pois este, quando utilizado como referencial da educação da pessoa com deficiência visual, desrespeita suas vias perceptuais impedindo-a de compreender, levando-a a uma aprendizagem sem sentido, repetitiva e decorada.

Glossário

Aprendizagem significativa: aquisição de novos significados; pressupõe a existência de conceitos e proposições relevantes na estrutura cognitiva, uma predisposição para aprender e uma tarefa de aprendizagem potencialmente significativa.

Aprendizagem mecânica: aquisição de informações com pouca ou nenhuma interação com conceitos ou proposições relevantes existentes na estrutura cognitiva. O conhecimento é armazenado de forma literal e arbitrária.

Complexidade: diz respeito ao tecido dos acontecimentos, ações, interações, retroações, determinações: e acasos que constituem o nosso mundo fenomênico.

Compreender: encontrar acordo entre aquilo que se visa e o que é dado, entre a intenção e a efetuação pelo corpo.

Consciência: é a presença do sujeito no mundo, abertura ao outro como a si mesmo, destinada ao mundo, um mundo que ela não abarca nem possui, mas em direção ao qual ela não cessa de se dirigir.

Corpo: entendido como fonte de sentidos, sujeito da percepção na sua estrutura de relação com as coisas ao seu redor.

Corpo próprio: expressão usada para referir-se à experiência corporal própria de cada um.

Descrição: um caminho de aproximação do que se dá, da maneira e tal como se dá. Refere-se ao que é percebido, do que se mostra (ou do fenômeno). Não se limita à enumeração dos fenômenos como o positivismo.

Descrição visual: descrição das características contextuais no momento da interpretação, o que significa detalhar o que acontece com o interlocutor bem como sua maneira de se expressar, e o que acontece ao redor da situação de comunicação, incluindo atividades, objetos e pessoas.

Empatia: aprofundamento psicológico do vivenciamento para alcançar o real sentido das expressões do outro.

Escrita e leitura Braille: o código Braille permite ao surdo-cego o acesso à informação impressa. A mensagem é escrita por meio do sistema alfabético e retransmitida ao surdo-cego em Braille, através de máquinas de escrever portáteis (Telletouch), mecânicas ou eletrônicas e computadores. É uma ferramenta comunicativa útil quando a visão não está disponível, embora não seja um dos sistemas principais de comunicação.

Existência: consciência enraizada na vida intencional, sua organização típica e sua estrutura concreta na contingência das perspectivas vividas.

Experiência perceptiva: experiência de cada um ao engajar-se com o corpo próprio no mundo que o cerca — pessoas e coisas.

Guia: profissional que facilita o deslocamento e a mobilidade da pessoa com deficiência visual, no meio em que vive.

Horizonte: o mundo de significados do sujeito.

Idiossincrático: maneira de ver, sentir e reagir, própria de cada pessoa.

Imanente: que está contido em, ou emerge em situação, independentemente de determinantes.

Interpretação: trabalho do pensamento que consiste em decifrar o sentido aparente, em desdobrar os sinais de significação implicados na significação literal. Há interpretação onde houver sentido múltiplo, e é na interpretação que a pluralidade de sentidos torna-se manifesta, nos gestos, símbolos e situações.

Mobilidade: processo de deslocamento que envolve a habilidade de mover-se com segurança de um ponto a outro, de modo eficiente e autônomo.

Mundo: horizonte latente de nossa experiência, presente sem cessar, antes de qualquer pensamento.

Orientação espacial: processo pelo qual as pessoas utilizam informações sensoriais para estabelecer e manter sua posição em relação aos objetos no meio ambiente.

Orientação existencial: ação de tornar clara a origem, o que é próprio de cada um, possibilitando que cada um se revele na sua própria maneira de ser.

Percepção: experiência original do corpo com o mundo ao seu redor; ao entrar em contato com o objeto, o indivíduo entra em contato consigo mesmo.

Possibilidades: diferentes maneiras de ser do indivíduo, manifestas no seu pensar, sentir e agir.

Projeto: antecipação de uma possibilidade de experiência humana, direção traçada pela consciência engajada na existência e, assim, transformadora e aberta a transformações.

Reflexão: esforço para aprender o sentido ou essência do vivido.

Sentido: totalidade das relações significativas do sujeito em uma situação.

Significado: conteúdo consciente diferenciado e rigorosamente articulado, que pode ser evocado por um símbolo ou grupo de símbolos, por meio do relacionamento com o experimentado e elaborado, incluindo significado denotativo e conotativo.

Significado conotativo: as reações atitudinais ou afetivas idiossincráticas eliciadas pelo nome do conceito.

Significado da ação: significado atribuído ao manifesto, segundo uma teoria ou explicação particular. Diz respeito ao comportamento observável ou expresso.

Significado denotativo: os atributos criteriais distintivos evocados pelo nome de um conceito.

Significado do ato: o que significa para o agente a sua ação e o processo dessa ação segundo uma teoria.

Símbolo: estrutura de significação em que um sentido direto, primário, literal, designa por acréscimo outro indireto, secundário, figurado, que não pode ser entendido senão através do primeiro.

Solicitude: cuidado com o outro.

Solicitude emancipatória: cuidar autêntico, de maneira envolvente e significativa para que o outro assuma seus próprios caminhos, cresça e amadureça.

Solicitude protetora: cuidar de maneira envolvente e significante, "mimando" o outro, fazendo por ele, dominando-o e *não* propiciando oportunidades para que assuma os seus próprios caminhos.

Sujeito: aquele que depende do meio biológico, social e cultural para se tornar autônomo e autoeco-organizado, apto a posicionar-se no centro do mundo, ao qual dá unidade pela sua individualidade, singularidade e subjetividade, aos seus atos e distinção entre "si" e "não-si", "mim" e "não-mim", "eu" e outros "eus".

Transferência: utilização do conhecimento em outro contexto diferente daquele onde foi adquirido.

Utópico — Deslocado do sistema, sinal do sentido que falta ao sistema.

Referências bibliográficas

AMIRALIAN, Maria Lúcia T. M. Interação: condição básica para o trabalho do profissional com o portador de deficiência visual. In: MINISTÉRIO DA EDUCAÇÃO *Tendências e desafios da educação especial*. Brasília: SEEP, 1994.

_____. Inclusão, integração, conceitos, abrangência e viabilidade na realidade brasileira. In: INSTITUTO DE PSICOLOGIA DA UNIVERSIDADE DE SÃO PAULO, São Paulo, 1999.

ANDRETTO, Yara Tereza Taccola. *Os impactos iniciais da inclusão de criança deficiente no ensino regular*: um estudo sobre a inclusão de criança com paralisia cerebral. Mestrado (Distúrbios do Desenvolvimento) — Universidade Presbiteriana Mackenzie, São Paulo, 2001. [Não publicado.]

BARRAGA, N. *Guia do professor para desenvolvimento e aprendizagem visual e utilização de visão subnormal*. Tradução de D. N. Baptista, autorizada por Natalie C. Barraga. Austin: American Printing House for the Blind, 1970.

BASAGLIA, F.; ONGARO, F. B. *L'instituzione negata*: rapporto da un ospedale psichiatrico Torino: Giulio Einaudi, 1968.

_____; _____. La maggioranza deviant. *L'ideologia del controllo sociale totale*. Torino: Giulio Einaudi, 1971.

_____ et al. *Crimini di pace*: ricerche sugli intellecttuali e sui tecnici come addetti all'oppressione. Torino: Giulio Einaudi, 1975.

BRASIL. Ministério da Educação e Cultura. Diretrizes Nacionais para a Educação Especial na Educação Básica/Secretaria de Educação Especial. Brasília: MEC/SEESP, 2001. 79 p.

BUENO, J. G. S. A inclusão do aluno deficiente nas classes comuns do ensino regular. *Temas sobre o Desenvolvimento*. São Paulo: Memnon, v. 9, n. 54, p. 21-27, 2001.

CAMEJO, Adriana da Silva. *Formação dos Professores do Ensino Fundamental para a proposta de Educação Inclusiva*. Mestrado (Distúrbios do Desenvolvimento) — Universidade Presbiteriana Mackenzie, São Paulo, 2000. [Não publicado.]

CHACON, Miguel, C. M.; DEFENDI, Edson L.; FELIPPE, Maia Cristina G. C. A família como parceira no processo de desenvolvimento e educação do deficiente visual. In: MASINI, Elcie F. Salzano (Org.). *A pessoa com deficiência visual*: um livro para educadores. São Paulo: Vetor, 2007.

CRECMBEC. *Nossa Criança Cega*. Revista publicada pela Secretaria do Comitê Regional Europeu do Conselho Mundial para o Bem-Estar do Cego e editada pela Secretaria do Comitê Regional Europeu da Organização Mundial para Promoção Social dos Cegos, 1978.

CUTSFORTH, T. D. *The blind in school and society*. New York: American Foundation for the Blind, 1951.

DECLARAÇÃO MUNDIAL SOBRE EDUCAÇÃO PARA TODOS: Satisfação das necessidades básicas de aprendizagem. Conferência Mundial sobre Educação para Todos. Jomtien, Tailândia, 1990.

DENS, A. La Educación Especial: una visión sobre la integración y la inclusión desde un enfoque pedagógico. In: ENCONTRO MUNDIAL DE EDUCACIÓN ESPECIAL, 2., Havana, 1998. [Tema livre.]

DIDEROT, D. Carta sobre os cegos para uso dos que veem. In: VOLTAIRE. *Diderot*. São Paulo: Nova Cultural, 1988. v. 1. [Original em francês, 1749.]

DURANTE. D. C. Alteridade e reflexão intercultural: seus objetivos no quadro das práticas artísticas em geral e da fala literária em particular. *Revista on-line Sociopoética*. Acesso em: 12 maio 2008.

GASPARETTO, Maria Elisabete R. F.; NOBRE, Maria Inês, R. S. Avaliação do funcionamento residual: educação e reabilitação. In: MASINI, Elcie F. Salzano (Org.). *A pessoa com deficiência visual*: um livro para educadores. São Paulo: Vetor, 2007.

_____. A pessoa com visão subnormal e seu processo pedagógico. In: MASINI, Elcie F. Salzano; GASPARETTO, Maria Elisabete, R. F. (Orgs.). *Visão subnormal*: um enfoque educacional. São Paulo: Vetor, 2007.

_____. *Visão subnormal em escolas públicas*: conhecimentos, opinião e conduta de professores e diretores do ensino fundamental. Tese (Doutorado) — Universidade Estadual de Campinas, Campinas, 2001.

GENSHAFT, J. K.; DARE, N. L.; O'MALLEY, P. L. A avaliação da criança deficiente visual: um ponto de vista da psicologia escolar. In: *Artigos relacionados com cegueira e visão subnormal*. São Paulo: Fundação para o Livro do Cego no Brasil, 1986.

GOTTESMAN, M. Stage developmentof blind children: a Piagetian view. *The New Outlook for the Blind*, v. 70, n. 3, p. 94-100, 1976.

GREGORY, R. L. *Eye and brain*: the psychology of seeing. 4. ed. New Jersey: Princeton University Press, 1990.

HYVARINEN, L. Separata preparada para o Curso sobre Desenvolvimento Visual, realizado no Setor de Reabilitação de Deficientes Visuais. Santa Casa de Misericórdia de São Paulo, sob a responsabilidade da Dra. Silvia Veitzman, 1991.

KELLER, H. *A história de minha vida*. Rio de Janeiro: José Olympio, 1939. p. 14.

KUHLTHAU, C. C. *Seeking meaning*: a process approach to library and information services. Westport, CT: Libraries, 2003.

_____. Accommodating the user's informatio search process: challenges for information. *Bulletin of the American Society for Information Science*, v. 25, n. 3, 1999. Disponível em: <http://www.asis.org/Bulletin/Feb-99/kuhlthau.html>. Acesso em: 5 abr. 2007.

LAING, R. *O eu e os outros*. 4. ed. Petrópolis: Vozes, 1972.

LEFEVRE, L.; DELCHET, R. *L'éducation des enfants et adolescents handicapés*. Paris: Les Editions ESF, 1972.

LINDSTEDT, E. Abordagem clínica de crianças com baixa visão. In: VEITZMAN S. *Visão subnormal*. Rio de Janeiro: Conselho Brasileiro de Oftalmologia, 2000. p. 48-64.

MAIA, W. A. R. *A inclusão de alunos cegos com o uso do Dosvox na sala de aula do ensino regular de 1º ao 5º ano do Ensino Fundamental*. Rio de Janeiro, 2002. Disponível em: <http://intervox.nce.ufrj.br/dosvox/textos.htm>. Acesso em: 6 fev. 2010.

MANONNI, Maud. *Éducation impossible*. Paris: Ed. du Seuil, 1973.

MASINI, E. F. S. Algumas questões sobre a avaliação do portador de deficiência visual. *Revista Brasileira de Estudos Pedagógicos*, Brasília, MEC/Inep, p. 184, 1997.

_____. Quais as expectativas com relação à inclusão escolar do ponto de vista do educador. *Temas sobre o Desenvolvimento*, São Paulo: Memnon, v. 7, n. 42, p. 52-54. 1999.

_____. A inclusão escolar. In: CONGRESSO BRASILEIRO DE PSICOPEDAGOGIA, 5., *Livro*..., São Paulo: Vetor, p. 23-28, 2000.

_____. A inclusão de alunos com deficiências no ensino superior. Complementação da pesquisa. In: _____. *Avaliação das atividades, da Associação Brasileira de Assistência ao Deficiente Visual Laramara, que contribui para a inclusão*. Pesquisa financiada pelo CNPq, 2001 a 2004.

_____. *O perceber e o relacionar-se do deficiente visual*: orientando professores especializados. Brasília: Corde, 1994. (Tese de Livre-Docência defendida na Faculdade de Educação da Universidade de São Paulo, em 1990.)

MAZZOTTA, M. J. S. A inclusão e integração ou chaves da vida humana. In: CONGRESSO IBERO-AMERICANO DE EDUCAÇÃO ESPECIAL, 3., Paraná, 1998.

MERLEAU-PONTY, M. *Fenomenologia da percepção*. São Paulo: Freitas Bastos, 1971. [Original em francês, 1945.]

MEYER L. H.; KISHI G. S. School integration strategies. In: LAKIN K. L.; BRUININKS R. H. (Ed.). *Strategies for achieving community integration of developmentally disabled citizens*. Baltimore: Paul H. Brookes Publishing, 1985.

MOLOCHENCO, Madalena. *A inclusão de crianças com deficiências em escolas regulares*: opinião de mães. Mestrado (Distúrbios do Desenvolvimento) — Universidade Presbiteriana Mackenzie, São Paulo, 2003. [Não publicado.]

MORAES, M.O. Modos de intervir com jovens deficientes visuais, dois estudos de caso. *Psicologia Escolar e Educacional*, v. 11, p. 90-110, 2007.

MRECH, L. M. *Educação inclusiva*: realidade ou utopia. Texto apresentado na mesa-redonda de mesmo título no evento organizado pelo *LIDE* Laboratório Interunidades de Estudos sobre as Deficiências, na Universidade de São Paulo, 1999.

NASSIF, Maria Cristina M. Inclusão do aluno com deficiência visual na sala comum do ensino regular: a Fundação Dorina como parceira nesse processo. In: MASINI, Elcie F. Salzano (Org.). *A pessoa com deficiência visual*: um livro para educadores. São Paulo: Vetor, 2007.

NOWILL, Dorina. Fundação Dorina Nowill para Cegos. In: MASINI, Elcie F. Salzano (Org.). *Do sentido... pelos sentidos... para o sentido*. Sentidos das pessoas com deficiência sensorial. Niterói/São Paulo: Intertexto/Vetor, 2002.

OCHAITA, E. Una aplicación de la teoria piagetiana al estudio del conocimiento espacial en los niños ciegos. *Revista Infancia y Aprendizage*. Madrid: Universidade Autónoma, n. 25, p. 81-104, 1984.

ORGANIZAÇÃO MUNDIAL DA SAÚDE. *Classificação internacional das deficiências, incapacidades e desvantagens (Handicaps)*: um manual de classificação das consequências das doenças. Lisboa: Secretaria Nacional de Reabilitação. 1989.

ORMELEZI, Eliana. De que lugar fala o professor e de que lugar escuta o psicopedagogo. In: MASINI, Elcie F. S. (Org.). *O aprender e o não aprender*. São Paulo: Vetor, 2008.

ORMELEZI, Eliana; CORSI, Maria da Graça; GASPARETTO, Maria Elisabete R. F. O que o educador (pais e professores) precisa saber sobre visão subnormal. In: MASINI, Elcie F. S.; GASPARETTO, Maria Elisabete R. F. (Orgs.). *Visão Subnormal*: um enfoque educacional. São Paulo: Vetor, 2007.

PASSOS, Jeane R. *A information literacy e os deficientes visuais*: um caminho para a autonomia. Tese (Doutorado em Ciência da Informação) — Escola de Comunicações e Arte, Universidade de São Paulo, São Paulo, 2010. p. 157.

PIAGET, J. *A formação do símbolo na criança*: Imitação, jogo e sonho, imagem e representação. Rio de Janeiro: Zahar Editores, 1971. [Original em francês, 1945.]

RIESER, R. The social modal of disability. Invisible children. In: JOINT CONFERENCE ON CHILDREN. *Images and Disability*, p. 55-56, 1995.

ROWLAND, C. Preverbal communication of blind infants and their mothers. *Journal of Visual Impairment and Blindness*, p. 302-92, Sept. 1984.

SÁ, Elisabete Dias. A bengala e a mulher invisível. In: MASINI, Elcie F. Salzano (Org.). *Do sentido... pelos sentidos... para o sentido*. Sentidos das pessoas com deficiência sensorial. Niterói/São Paulo: Intertexto/Vetor, 2002.

SÁ, Sérgio. *Feche os olhos para ver melhor*: os limites dos sentidos e os sentidos dos limites. Barueri: Sá Editora, 2004.

SACKS, O. Apresentação. In: _____. *O homem que confundiu sua mulher com um chapéu*. 2. ed. São Paulo: Imago, 1988.

_____. *Um antropólogo em Marte*: sete histórias paradoxais. Tradução de Bernardo Carvalho. São Paulo: Companhia das Letras, 1995.

SCATTONE, Cristiane. A informática viabilizando a inclusão. In: MASINI, Elcie F. S. (Org.). *O aprender e o não aprender*. São Paulo: Vetor, 2008.

SALOMON, S. M. *Deficiente visual. Um novo sentido de vida.* Proposta psicopedagógica para ampliação da visão reduzida. Dissertação (Mestrado) — Faculdade de Educação, Universidade de São Paulo, São Paulo, 1996.

_____. Avaliação e desenvolvimento do uso de baixa visão numa abordagem psicopedagógica: uso de pautas para construção conjunta de conhecimentos. In: MASINI, Elcie F. Salzano (Org.). *A pessoa com deficiência visual*: um livro para educadores. São Paulo: Vetor, 2007.

_____. Dinâmicas corporais e jogos: recursos para a inclusão. In: MASINI, Elcie F. S. (Org.). *O aprender e o não aprender.* São Paulo: Vetor, 2008.

SIAULYS, Maria Olímpia C. O papel da família na educação e inclusão das crianças com deficiência visual. Laramara: a mudança na prática na atitude e nas relações familiares. In: MASINI, Elcie F. Salzano (Org.). *A pessoa com deficiência visual*: um livro para educadores. São Paulo: Vetor, 2007.

SOLÉR, Thaís Regina F. *Experiência de inclusão de criança deficiente visual em uma escola pública.* Mestrado (Distúrbios do Desenvolvimento) — Universidade Presbiteriana Mackenzie, São Paulo, 2003. [Não publicado.]

_____; PLAZZA, Tânia G.; EZEQUIÉL, Lucimar. A formação requerida para o professor especializado atender ao aluno com visão subnormal na escola regular. In: MASINI, Elcie F. S.; GASPARETTO, Maria Elisabete R. F. (Orgs.). *Visão subnormal*: um enfoque educacional. São Paulo: Vetor, 2007.

SWALON, C. Piaget's theory and the visually handicapped learner. *The Outllook for the Blind*, v. 70, n. 3, p. 273-80, 1976.

VASQUEZ, Ainda; OURY, F. *Vers une une Pédagogie Institutionelle.* Paris: Librairie François Maspero, 1967.

VIEIRA, C. S. *Alunos cegos egressos do Instituto Benjamin Constant (IBC) e sua inserção comunitária.* Tese (Doutorado) — Instituto Fernandes Figueira (IFF) da Fundação Oswaldo Cruz (Fiocruz), Rio de Janeiro, 2006.

VOIVODIC, Maria Antonieta M. A. *A inclusão de crianças com Síndrome de Down em classes comuns de escolas regulares, com a mediação do projeto "Educar mais um"*: análise de uma experiência. Mestrado (Distúrbios do Desenvolvimento) — Universidade Presbiteriana Mackenzie, São Paulo, 2003. [Em publicação.]

VOIVODIC, Maria Antonieta M. A. Oficina: histórias infantis como recurso de aprendizagem. In: MASINI, Elcie F. Salzano (Org.). *O aprender e o não aprender*. São Paulo: Vetor, 2008.

VIGOTSKI, L. S. *Obras completas*. Tomo cinco: *Fundamentos de defectología*. Habana. Madrid: Visor, 1997. [Original em russo, 1983.]

WELLS, G. H. *The country of the blind and other stories*. Londres: Green and Cos, 1954.

WILLS, D. M. J. Vulnerables periods in the early development of blind children. *Psychoanalytic Study of the Child*, n. 25, p. 462-80, 1970.

WINNICOTT, D. W. *The distortion in terms of true and false self*. London: Hogarth Press, 1965.

_____. *O brincar e a realidade*. Rio de Janeiro: Imago, 1975. [Original em inglês, 1971.]

WRIGHT, B. *Physical disability*: a psychological approach. New York: Harper, 1960.